LES
RELIGIEUSES ENSEIGNANTES

ET

L'ÉDUCATION DES JEUNES FILLES

CONSEILS DE DIRECTION

POUR LA VIE RELIGIEUSE ET L'ÉDUCATION

PARIS

ANCIENNE MAISON DOUNIOL

P. TÉQUI, LIBRAIRE-ÉDITEUR

29, rue du Tournon, 29

1899

LES
RELIGIEUSES ENSEIGNANTES

ET

L'ÉDUCATION DES JEUNES FILLES

CONSEILS DE DIRECTION

POUR LA VIE RELIGIEUSE ET L'ÉDUCATION

PARIS
ANCIENNE MAISON DOUNIOL

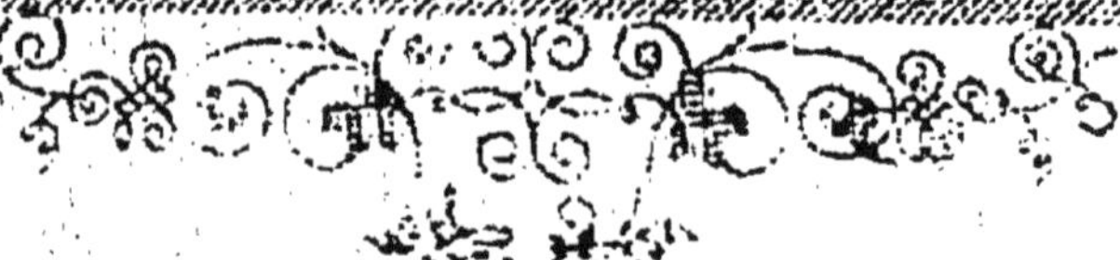

P. TÉQUI, LIBRAIRE-ÉDITEUR

29, rue de Tournon, 29

1899

LES
RELIGIEUSES ENSEIGNANTES

ET

L'ÉDUCATION DES JEUNES FILLES

CONSEILS DE DIRECTION

POUR LA RELIGIEUSE ET L'INSTITUTION

PARIS

ANCIENNE MAISON DOUNIOL

P. TÉQUI, LIBRAIRE-ÉDITEUR

29, rue de Tournon, 29

1899

LES

RELIGIEUSES ENSEIGNANTES

ET

L'ÉDUCATION DES JEUNES FILLES

OUVRAGES

Publiés par le R. P. LIBERCIER

DÉVOTIONS ET BONNES ŒUVRES, in
16 elz. (Palmé.)

PRIÈRES DE LA SEMAINE, in-32,
2ᵉ édit. (Lyon, E. Vitte.)

PENSÉES SUR LA MORT, in-16.
(Delh. et Briguet.)

PENSÉES MORALES ET CHRÉTIENNES,
in-16 elz. (Gruel.)

MÉDITATIONS, extr. de Fénelon,
in-16 elz. (Gruel.)

LE LIVRE de 1ʳᵉ communion, in-
16 elz. (Gruel.)

PARAPHRASE, de Massillon, 2 vol.
in-18. (S. Augustin.)

MOIS DE MARIE, in-18. (Retaux.)

CHEMIN DE CROIX, réflexions, in-
16 elz. (Gruel.)

MARIE, MÈRE DE JÉSUS, illustré,
32 planches. (Gruel.)

ENTRETIENS et avis (P. Lécuyer),
in-12 elz. (Lethielleux.)

LES
RELIGIEUSES ENSEIGNANTES

ET

L'ÉDUCATION DES JEUNES FILLES

CONSEILS DE DIRECTION

pour la vie religieuse et l'éducation.

————◄┼►————

PARIS

ANCIENNE MAISON DOUNIOL

P. TÉQUI, LIBRAIRE-ÉDITEUR
29, *rue de Tournon,* 29
—
1899

PRÉFACE

Des polémiques, d'abord calmes et modérées, puis ardentes, dépassant parfois la mesure, ont surgi à propos d'un livre et d'une idée (1).

Nous ne venons pas nous mêler à la lutte et prendre position sur ce nouveau champ de bataille. Notre rôle est plus modeste et plus pratique.

Nous nous proposons sim-

(1) *Les Religieuses enseignantes et les nécessités de l'apostolat,* par Mᵐᵉ Marie du Sacré-Cœur.

plement de venir en aide aux nombreuses et méritantes congrégations de femmes, aux institutrices et aux maîtresses chrétiennes, de tout ordre et de tout rang, qui, ayant consacré leur vie à l'enseignement et à l'éducation de la jeunesse, accomplissent une œuvre digne d'attirer les regards de Dieu et des hommes.

Qu'elle est sublime leur mission! En les choisissant comme mandataires, les pères et les mères de famille, qui ont le droit et le devoir absolu d'élever l'âme de leurs enfants, de les instruire, de les former à toutes les vertus, leur confient le ministère à la fois le plus important, le plus délicat, le plus difficile et le plus fécond en conséquences heureuses ou malheureuses.

Nous savons comment elles s'en acquittent. Nous les voyons à l'œuvre, ces mères selon la grâce. Quelle conscience, quelle sollicitude, quelle tendresse, quel héroïsme, non pas intermittent, mais de tous les instants, le jour, la nuit!

Qu'il s'agisse de pourvoir aux soins multiples que réclament la santé et le développement normal de leurs enfants adoptives, d'imprimer une sage direction à leur intelligence et à leur cœur, d'en écarter tout danger ou toute cause de trouble, de leur inspirer le goût et l'amour de tout ce qui est grand, beau, pur, élevé, jamais vous ne les trouverez au-dessous de leur tâche. Si, parfois, elles échouent, si les résultats obtenus semblent répondre insuffisamment aux efforts dépensés et aux sacrifices consentis, c'est que leur action a été contrariée, et peut-être, bizarre inconséquence! leur influence combattue par la famille qui leur avait cependant confié ses enfants pour les élever chrétiennement.

A ces éducatrices incomparables, dont la vie se dépense sans compter au profit de l'enfance et de la jeunesse, à toutes celles qui, isolément ou dans

les pensionnats laïques, ani-
mées de la même foi et de la
même charité chrétienne,
poursuivent une œuvre également digne d'éloge et d'admi-
ration, nous offrons ces pages.

Elles sont extraites des ouvrages de Mme de Maintenon.
C'était un esprit supérieur,
personne n'en doute aujour-
d'hui, ayant reçu en partage,
avec une foi ardente, le génie
du bon sens et de la rectitude.
Ce qu'elle a écrit en porte la
trace, et son zèle pour l'éducation de la jeunesse est admirable, dit un excellent juge,
Mgr Dupanloup. Il est certain
que Dieu lui avait donné les
plus éminentes qualités pour
tout ce qui touche à la forma-

tion tant des jeunes filles que des maîtresses chargées de cet important ministère.

Longtemps discutée, elle est restée jusqu'à nos jours sous le poids des odieuses calomnies dont l'avaient chargée ses détracteurs acharnés (1). Il a fallu qu'un érudit, éclairé, consciencieux, impartial, comme il s'en rencontre de temps en temps pour dégager l'histoire des scories dont on l'encombre, se livrât à des recherches longues et laborieuses ayant pour but, d'abord d'établir le vrai texte des *Avis, Entretiens,* lettres et

(1) Autrefois, Saint-Simon, la princesse Palatine; de nos jours, Michelet et... Camille Sée, le promoteur des Lycées de filles.

écrits divers de la célèbre fondatrice de Saint-Cyr, recueillis par les Religieuses de l'Institut Saint-Louis et dispersés pendant la Révolution; puis de venger sa mémoire des maladresses — pour ne pas dire plus — d'un éditeur que son manque de goût, sa vie aventureuse et sa religion rendaient inapte à un travail de ce genre (1). Tous les manuscrits, la plupart incomplets, dépareillés, sans ordre, sans date ou avec des dates inexactes, ont été scrupuleusement étudiés par M. Th. Lavallée, collationnés, éclaircis au moyen de préfaces et de notes

(1) Il s'agit de La Baumelle, qui était protestant.

très intéressantes, et publiés en dix volumes compacts, malheureusement rares et difficiles à se procurer de nos jours.

Il n'est pas nécessaire d'un long examen pour se convaincre qu'il y a là une mine abondante, où l'on trouve « pour toutes les conditions et pour tous les temps les enseignements les plus solides, des chefs-d'œuvre de bon sens, de naturel et de vérité, enfin des instructions d'éducation qui approchent de la perfection. »

Nous avons voulu en faire profiter les Religieuses enseignantes et les institutrices chrétiennes.

D'un travail plus considérable que nous nous proposons de publier un jour, en lui donnant la même destination, nous avons donc extrait ce petit volume, divisé en deux parties, l'une qui traite plus spécialement de la vie religieuse, l'autre de l'enseignement et de l'éducation.

Ce n'est pas un travail d'érudition, mais d'adaptation, ce qui nous a permis d'apporter au texte de légères modifications et de supprimer ce qui ne rentrait pas essentiellement dans notre cadre.

« Madame de Maintenon, disait un de ses anciens éditeurs, n'était utile qu'à quelques familles, tandis que ses ouvrages sont une école ouverte à tout le monde, et nous avons le droit de nous féliciter d'en publier un de plus. »

Fr. M. A. LIBERCIER,
des Dominicains enseignants.

VIE RELIGIEUSE

I

SUR LA FUITE DU MONDE (1).

Je suis charmée de vous voir dans la résolution de quitter le monde ; il est l'ennemi de Dieu ;

(1) Ces extraits sont tirés, soit en totalité, soit en fragments, des œuvres complètes de Mme de Maintenon, qui se composent de *Conseils, Avis, Lettres, Entretiens, Conversations et Proverbes.* Autant qu'il nous a été possible, nous en avons élagué tout ce qui porte un caractère personnel et révèle une destination spéciale, pour ne retenir que les principes et les maximes générales de formation religieuse et d'éducation, pouvant

2

on ne peut trop le haïr, et il
vous serait encore plus dangereux qu'à une autre. Ne songez
qu'à vous sanctifier, prenez
conseil, et, du reste, abandonnez-vous à la Providence.

s'appliquer à tout et partout. Il en
reste néanmoins quelques traces
que nous avons laissé subsister
pour ne pas mutiler la pensée de
l'éminente éducatrice, ou lui enle-
ver le mouvement et la vie.

✣✣✣✣✣✣✣✣✣✣✣

II

LES DÉBUTS D'UNE VOCATION RELIGIEUSE.

Dieu veuille bénir vos intentions et les conduire jusqu'à l'exécution. Vous serez trop heureuse si vous vous donnez à lui, et vous le serez dès ce monde-ci. Votre naturel doux, facile et tendre sera bien dangereux si vous ne le tournez à ce qui seul mérite d'être aimé, et je serai bien aise si je vous vois prendre un parti qui assure le salut de votre âme et le bonheur de votre vie. Je vous demanderai compte de temps en temps de votre vocation :

traitez-en avec Dieu; deman-
dez-lui une piété qui vous
puisse demeurer en quelque
état que sa Providence vous
mette. J'espère que des desseins si sérieux n'empêcheront
point votre gaîté, car rien n'en
donne tant que de bien faire.

Je suis ravie de pouvoir
espérer que vous voulez penser
à Dieu; j'ai toujours appré-
hendé pour vous le commence-
ment de votre éducation. On
avait tourné votre esprit du
côté du monde, du paganisme
et des sentiments héroïques;
c'est ce qu'il y a de plus opposé
au christianisme, qui est humble et simple, et dans lequel on
retrouve la véritable grandeur.
Dieu veuille vous pénétrer de
cet esprit-là, comme vous paraissiez l'être de celui d'Es-

ther (1)! Songez comme elle
était remplie de Dieu, combien
elle se confiait en lui, comme
elle lui reportait tout, et priez
avec tant de ferveur qu'elle;
nous avons ce qu'elle attendait,
et l'on ne nous demande point
de donner notre vie à Dieu. Je
désire bien ardemment qu'il
vous conduise et vous bénisse.

(1) Mlle de Glapion, à qui s'adres-
sent ces conseils, avait tenu dans
Esther, le 26 janvier 1689, le rôle
de Mardochée. C'est d'elle que Ra-
cine disait : « J'ai trouvé un Mardochée dont la voix va droit au
cœur. »

III

I. — DU CHOIX DES SUJETS; QUALITÉS REQUISES CHEZ LES JEUNES FILLES QUI VOUDRAIENT ENTRER EN RELIGION.

JE crois que, dans le choix des sujets, vous devez vous attacher à la droiture de l'esprit et à la bonne humeur, car je ne parlerai point ici de la piété et de la vocation, puisque vous ne pouvez avoir de doute là-dessus.

Tâchez donc de suivre dans les classes les enfants qui ont l'esprit bien fait, qui prennent simplement ce qu'on leur dit, qui ne sont ni difficultueuses,

ni raisonneuses, ni soupçon-
neuses, ni pointilleuses, qui se
font aimer des plus sages et
haïr de personne, dont on aime
la société, qui aiment leurs
maîtresses, qui parlent peu, qui
sont timides, qui aiment à faire
plaisir, qui sont actives, car
toutes ces qualités marquent
un bon esprit et un bon cœur.
Prenez le milieu entre un trop
grand goût pour l'esprit et la
crainte des grands esprits : on
aura toujours assez d'esprit
quand on l'aura droit, doux et
commode ; les grands esprits
vous rendront de grands services s'ils sont dociles et sou-
mis.

Craignez les discoureuses ;
défaites-vous de ce que j'en-
tends souvent : Cette jeune fille,
dit-on, n'a pas de talents pour

l'instruction, et n'a pas de facilité à parler. Il ne faut, pour parler, que savoir ce qu'on veut dire, et avoir du bon sens. Que j'aurais grand'peur d'une fille éloquente, et qui se distinguerait par là! Quelle tentation de vanité, et que Dieu bénirait peu ce qu'elle dirait dès que l'orgueil s'y trouverait! Où est la difficulté de faire une instruction et un catéchisme, le livre à la main, faisant répéter et comprendre ce qui y est, l'appliquant à l'état de vie dans lequel on se trouve, ne disant rien dont on ne soit assuré, consultant sur ce que l'on ne sait pas, et parlant tout simplement dans la présence de Dieu? voilà ce qu'il vous faut; toute autre manière vous sera un piège.

Tâchez de distinguer l'activité de la dissipation et de la légèreté; craignez les esprits légers, inquiets, peu maîtres d'eux-mêmes, qui font beaucoup de bruit et peu d'ouvrage, qui tourmentent ceux qui sont au-dessous d'eux, qui donnent de la peine et n'en prennent guère. Examinez la bonne foi jusque dans les moindres choses; il y en a qui ne les font que superficiellement, qui balayent sans se soucier que le lieu en soit plus net, et ainsi du reste; ces caractères sont mauvais et se portent en tout. Aimez les bonnes filles, qui se donnent tout entières à ce qu'elles font; la vertu en retranchera l'extrémité, et le profit vous en demeurera.

Voyez dans les récréations

celles qui sont simples, gaies et commodes, qui prennent tout en bonne part, qui ne se fâchent de rien : c'est ce que j'appelle être de bonne humeur; examinez si sur ce qu'on dit elles vont droit au fait; si elles cherchent à s'instruire quand elles n'entendront pas d'abord, si elles se rendent à la raison, ou si elles parlent pour parler, si elles aiment à embarrasser, si elles ne sont pas frappées et convaincues par la raison. Je serais infinie si je disais tout ce qu'il y a à examiner, et je vous embarrasserais peut-être. Comptez que les bons caractères d'esprit sont ceux avec qui on est à son aise, à qui il faut peu de ménagements, et, pour une religieuse, je vous ai déjà dit que je préférerais à toutes les autres celle que la supérieure mettrait à toutes les charges de la maison, sans craindre de la fâcher.

II. — ESPRITS MAL FAITS, BONS ET MAUVAIS CARACTÈRES QU'IL IMPORTE DE BIEN CONNAITRE QUAND IL S'AGIT D'ADMETTRE UN SUJET DANS LA COMMUNAUTÉ.

Une des choses à quoi vous devez surtout vous appliquer dans le choix de vos sujets, c'est de connaître le caractère des jeunes filles : il est très important de n'en prendre que de bons, parce que c'est ce qui se rectifie le moins ; la piété qui peut retrancher tous les vices n'ôte que rarement les défauts qui viennent du caractère de l'esprit. Pour moi, j'aimerais mieux ce que vous appelez une méchante, qui n'est souvent qu'une espiègle, que je ne m'accommoderais d'un esprit de travers, ou d'une mauvaise humeur, quoique pieuse. J'aime assez ce qu'on appelle de méchants enfants, c'est-à-dire enjoués, glorieux, colères, et même un peu têtus, une jeune fille un peu causeuse, vive et volontaire, parce que ces défauts se corrigent aisément par la raison et la piété, et même presque toujours par l'âge seul. Mais un esprit mal fait, un esprit de travers se soutient en tout.

Et j'appelle ainsi un esprit qui ne se rend point à la raison, qui ne va point au but, qui croit toujours qu'on veut lui faire de la peine, qui donne un mauvais tour à tout, et qui, sans être malicieux, prend les choses tout autrement qu'on n'a prétendu les dire. Mais rien n'est pire qu'un esprit faux, ou déguisé et dissimulé, ou entêté et opiniâtre; prenez garde à tous ces défauts, et à l'humeur, ce sont les plus importuns pour une communauté; car rien n'appesantit plus le joug de la supériorité que d'avoir à gouverner des esprits difficiles, auxquels il faut mille ménagements. Dieu souffre tous ces défauts parce qu'on peut bien être sauvé, ayant l'esprit mal fait : il est plus indulgent que nous, car il reçoit bien des gens en son paradis que je serais bien fâchée que nous admissions dans notre communauté.

Cependant, il n'est que trop commun de trouver de ces esprits de travers même dans les sociétés les plus saintes, car les couvents ne manquent pas de filles qui souvent ne savent ce qu'elles disent, mais qui savent bien ce qu'elles font, parce qu'agissant de bonne foi, Dieu, qui agrée tout ce qui est sincère, leur tient compte de leur piété, quoiqu'elle ne soit pas toujours fort droite; mais, bien qu'on puisse se sauver avec une dévotion de travers, je vous le redis encore, je n'en voudrais point recevoir ici pour rien au monde, à cause de l'obligation où vous êtes d'inspirer une piété droite à vos enfants.

Mais qu'est-ce qu'une dévotion sincère et cependant de travers?

— C'est, par exemple, quitter le saint Sacrement pour aller prier Dieu devant l'image d'un saint, sortir de sa classe quand on y doit être pour aller faire des prières de surérogation, mettre la tête contre un lambris de peur de laisser échapper sa dévotion, et être toute troublée si l'on est interrompue pour quelque chose de nécessaire ; c'est être une heure à la porte du confessionnal à attendre que la contrition tombe du ciel, et dire encore, après cela, qu'on n'est pas disposé à se confesser parce qu'on ne sent point la douleur de ses péchés ; c'est dépenser beaucoup à orner une chapelle pendant qu'on laisse manquer de soins ses sœurs saines et malades, employer à la prière beaucoup plus de temps qu'il n'est marqué, et négliger de remplir les devoirs de sa charge; et mille choses semblables.

—Est-ce la même chose d'être un peu boudeuse ou d'être de mauvaise humeur?

—Non, je permettrais bien un peu de bouderie; il n'y a guère d'enfants qui n'y soient sujets; ils n'ont pas pour cela l'esprit mal fait; mais j'appelle une mauvaise humeur celle d'une personne aisée à blesser, qui est soupçonneuse, qui philosophe sur un air, sur une parole, enfin avec qui l'on n'est point à son aise, à qui l'on craint d'avoir affaire, au lieu qu'une fille de bon esprit est celle qui prend tout en bonne part, qui laisse tomber beaucoup de choses sans les relever, et qui, bien loin de croire qu'on a dessein de l'attaquer, quand on n'y pense pas, ne s'aperçoit pas même de celui qu'on aurait de la fâcher, qui s'accommode de tout, qui trouve des facilités à tout ce qu'on veut, qu'une supérieure peut mettre sans ménagement à toutes les charges et avec toutes sortes de personnes; voilà ce que j'appelle un bon esprit; c'est un trésor pour une communauté. Ainsi, ce que je crois de plus important dans une jeune fille, après la bonne vocation et la piété, c'est ce bon esprit : quand vous trouverez cela, passez par-dessus les autres défauts, car vous ne trouverez jamais de sujets accomplis.

— Quels défauts pourrait avoir une personne qui aurait ces bonnes qualités?

— Elle pourrait être un peu glorieuse, ou trop vive, ou dissipée, ou prompte, ou impatiente, ou lente, peu capable, peu intelligente, mais tout cela se corrige avec le temps et la piété. Ne croyez pas non plus que les tempéraments les plus délicats rendent le moins de services à la maison? Quand une fille délicate à du courage joint un bon sens et un bon esprit, elle vous est plus utile qu'une fille forte et robuste qui n'aurait pas ces bonnes qualités. Croyez-moi, Dieu partage ses dons, et vous ne trouvez pas tout dans la même personne; il est rare que ces esprits doux, faciles et accommodants, se trouvent dans un corps grossier.

IV

PORTRAIT D'UNE NOVICE QUI
TRAVAILLE A ÊTRE PARFAITE,
DANS SES RAPPORTS AVEC
DIEU, AVEC SES SUPÉRIEURES,
AVEC SES COMPAGNES ET
AVEC LES ENFANTS.

Une parfaite novice entre au
noviciat par une vocation pure,
qui consiste dans le dessein de
se donner à Dieu sans réserve
et de lui sacrifier sa vie entière.

Elle se dévoue à l'humilité,
à l'obéissance, à la pénitence,
au service du prochain ; et, par
la pratique de ces vertus, elle
entre dans le renoncement à

elle-même, qui est la perfection du christianisme et qui doit être notre occupation continuelle.

Elle étudie soigneusement ses *constitutions*; elle se fait expliquer ce qu'elle n'entend pas; elle les pratique à la lettre.

Elle est simple, n'ayant qu'une seule intention qui est de plaire à Dieu; elle ouvre son cœur à ceux que la Providence lui a donnés pour sa conduite, sans écouter ses répugnances ou ses inclinations, parce qu'elle regarde en eux la personne de Jésus-Christ.

Quand elle a des peines, elle les déclare simplement et demeure en paix par les consolations qu'on lui donne; si ces peines, par un ordre de Dieu, continuent, elle les souffre comme une autre croix.

Si les personnes qui ont sa confiance lui sont ôtées, elle la donne à ceux qui prennent leur place, croyant fermement que Dieu leur donne aussi la même grâce; cette pratique ne lui est point difficile, car dans une affaire si importante, elle ne consulte point son goût naturel.

Elle évite toute singularité; elle prie avec les autres, mais, si elle le peut, mieux que les autres; elle estime et aime sa règle : toute autre perfection n'est point la sienne; elle est ferme sur ce principe, que son avancement dépend de la fidélité à son état.

Elle en aime tout, elle en souffre toutes les peines en esprit de pénitence; le froid, le chaud, le bruit, la poussière, la fumée, la puanteur, l'activité continuelle lui tiennent lieu des haires et des cilices des autres maisons.

Si Dieu lui donne des vues particulières de pénitence, elle les propose et demeure en paix, qu'on les lui accorde ou refuse.

Elle a un grand respect pour ses supérieurs à proportion de ce qu'ils sont dans l'ordre de Dieu.

Elle fréquente les sacrements, autant que la règle le veut; et, si on l'en prive, elle se soumet et s'humilie.

Elle sacrifie en tout ses propres lumières et les montre quand on le lui ordonne; elle ne fait rien d'elle-même, et toutes ses actions sont enrichies de l'obéissance; elle ne cherche jamais son plaisir, et elle le prend avec simplicité quand les supérieures lui en donnent.

Elle ne reçoit nulle confidence sans permission, et si elle se trouve à portée de donner des conseils, elle renvoie le plus qu'elle peut aux supérieures.

Elle sait que tout ce qu'elle a de bon vient de Dieu et que tout doit retourner à lui; ainsi elle ne fait pas une action, ne dit pas une parole, même à la récréation, qui ne porte ses sœurs à leur devoir.

La simplicité la tient dans la paix; elle ne s'examine qu'autant qu'il est nécessaire pour ses confessions, pour pratiquer ses règles et pour éviter le mal; du reste, elle retourne peu sur elle-même et ne raffine jamais.

Elle donne ses pensées à Dieu, elle s'occupe de lui, elle l'aime; elle purifle ses sentiments, elle renonce à ce que l'amour-propre y veut mêler.

Elle admire les exemples des saints et la diversité de leurs pratiques, mais elle se tient ferme à celles de sa règle.

Elle lit peu; elle se nourrit du Nouveau Testament; elle adore ce qu'elle n'entend pas, elle profite de ce qu'elle entend.

Elle renonce à toute curiosité, elle craint ce qui peut l'exciter, elle cherche sa sûreté dans la simplicité, dans la voie commune et dans la dépendance.

Elle ne juge point des livres qu'elle lit, ni des sermons qu'elle entend, mais elle s'en édifle et tâche d'en profiter.

Elle n'est défiante que pour la jeunesse qui lui est confiée, quand elle y est employée; mais elle est simple avec les supérieurs, persuadée qu'ils le sont avec elle; son esprit lui sert pour trouver des facilités à tout ce qui lui est ordonné, et jamais pour former des contestations.

Elle se lève au premier son de la cloche, elle se presse d'aller au chœur, non pour l'emporter sur les autres, mais par fidélité à la règle.

Elle médite, ou psalmodie, ou chante de tout son cœur, suivant toujours la règle et ne s'en départant jamais par un esprit de fausse liberté.

Elle ne perd pas un moment de ceux qui lui sont destinés pour la prière, et elle n'en prend point d'extraordinaire sans permission; elle sort de l'église avec les autres et va prendre les relâchements selon son besoin et la volonté des supérieurs.

Elle va à sa charge, ravie de travailler pour le prochain, elle y garde le silence autant que son emploi le permet; elle le rompt, s'il le faut, sans scrupule; elle le reprend avec fidélité; elle retranche les paroles inutiles, elle abrège celles qui sont nécessaires.

Si elle se sent dissipée, elle s'en humilie sans chagrin et se remet dans la présence de Dieu.

Elle va au réfectoire et y mange, sans choix et sans scrupule, ce qui lui est présenté, et prend autant de nourriture qu'elle en a besoin pour conserver ses forces qui sont destinées au service du prochain.

Elle écoute la lecture avec attention, et si c'est elle qui la fait, elle lit haut et distinctement, afin que les autres puissent en profiter.

Elle va à la récréation avec joie et simplicité, elle s'y place sans affectation; si elle se trouve auprès des personnes qui lui plaisent, elle en use sans scrupule; si elle est auprès de celles qui lui plaisent moins, elle y demeure en paix et prend part à leur conversation.

Elle ne songe point à montrer de l'esprit; elle laisse tourner la conversation selon le goût des autres; si on l'interrompt quand elle a commencé un discours, elle ne pense pas même à le reprendre à moins qu'on ne lui demande, parce que dans les plus petites choses, comme dans les plus grandes, elle ne veut tenir à rien.

Elle reçoit l'obéissance comme l'ordre de Dieu; elle va où elle est destinée, elle s'y donne tout entière après avoir demandé à Notre-Seigneur de la tenir près de lui; si l'activité et la vigilance l'en éloignent quelquefois, elle s'y remet sans s'inquiéter du passé.

S'il faut par nécessité manquer quelque observance, elle le fait sans en avoir de la joie par un esprit d'indépendance excessive, et sans chagrin par un esprit de scrupule et d'attachement.

Elle veille les enfants jour et

nuit selon ce qui lui est prescrit, ravie de sacrifier son repos et sa santé pour empêcher que Dieu ne soit offensé par le plus petit déréglement.

Elle estime les autres instituts, mais elle aime le sien, et s'y tient fidèlement attachée, comme au moyen que Dieu lui a marqué pour son salut.

Son caractère particulier est d'être modeste et silencieuse; non seulement son silence est extérieur, mais intérieur; ôtant à son esprit la liberté des pensées volontaires, elle les restreint à celles de son devoir et à ce que l'Évangile et la règle demandent d'elle, rejetant toutes les autres comme des tentations, quelques belles apparences qu'elles puissent avoir.

Elle n'a pas souvent besoin de repos, car elle travaille sans contention et sans inquiétude, et avec la tranquillité que donne la vraie liberté des enfants.

V

FORMATION DES NOVICES : PIÉTÉ SIMPLE ET DROITE; PRÉSENCE DE DIEU; VIE INTÉRIEURE; DOCILITÉ.

OPPOSEZ-VOUS en public et en particulier à cette quantité de questions que font vos filles, et n'en souffrez jamais que celles qui ont à s'instruire des choses nécessaires; il est aisé de connaître si c'est ce qu'elles cherchent ou si elles veulent s'amuser ou se divertir, ce qui ne doit pas être sur ces matières qui doivent être traitées sérieusement. Qu'elles ne s'accoutument point à parler de Dieu qu'avec un extrême respect ; je sais la liberté qu'il donne à ceux dont le cœur est véritablement à lui, mais je sais aussi que ces libertés sont dangereuses entre les jeunes personnes, et que les unes en abusent et les autres s'en scandalisent.

Il y a encore un autre inconvénient dans les questions curieuses, extraordinaires et inutiles, c'est que leurs visions se communiquent.

Inspirez-leur une piété simple, droite, sans raffinement, qui consiste en l'éloignement du péché, à marcher dans la présence de Dieu et à se laisser conduire avec docilité ; s'il plaît à Dieu de les appeler à une haute perfection et à des voies extraordinaires, il faut que ce soit un secret entre elles et leur confesseur.

Mais pour vous, je crois que vous ne devez entrer que dans l'éloignement du péché; c'est une dévotion effective et non suspecte que la pratique de la présence de Dieu; elle est, ce me semble, très solide, pourvu qu'elles s'y exercent doucement et tranquillement, sans s'inquiéter ni se troubler quand elles la perdent; la docilité à se laisser conduire les mettra en paix et en sûreté; l'éloigne-gnement du péché est la vraie preuve de l'amour de Dieu et une preuve plus convaincante que tous les désirs et les sensibilités que vous leur verrez quelquefois; la présence de Dieu est cette vie intérieure

4

absolument nécessaire à des religieuses; la docilité à se laisser conduire, à souffrir même de leur confesseur, à n'en guère changer et à demeurer en paix par l'obéissance, vous marquera la sincérité de leur cœur, la droiture de leur esprit et l'égalité de leur humeur, qui sont trois qualités essentielles pour faire de bonnes religieuses.

On ne peut trop les rendre simples, soit que nous les gardions, soit qu'elles aillent dans d'autres maisons; il faut les désabuser de l'esprit ; il faudra qu'elles le sacrifient et l'abaissent; à quoi bon l'élever et l'orner?

VI

LES DEVOIRS D'UNE RELIGIEUSE
ENSEIGNANTE ; COMMENTAIRE
DE LA RÈGLE ; SUBLIMITÉ DE
LEUR MISSION ; PERFECTION
QU'EXIGE LEUR ÉTAT.

Je crois que l'état d'une religieuse enseignante doit être très parfait, ayant à accommoder ensemble la vie active et le recueillement, absolument nécessaire pour conserver l'esprit de Dieu.

Une fille active, habile et remplie de talents, ne se soutiendra pas sans une piété solide et intérieure ; son humeur l'emportera ; elle se lassera et travaillera sans règle et sans persévérance.

Une fille tout intérieure, scrupuleuse, attachée à ses pratiques, abstraite et toute hors des besoins du prochain, ne remplira point les devoirs d'un institut fait pour le bien de ce même prochain, et pour des enfants qu'il faut former par tous les soins, les instructions et le bon exemple qu'on pourra leur donner.

Quelle vertu faut-il donc à une religieuse pour se livrer au prochain, sans se dissiper, pour travailler toute la vie sans se lasser, et pour agir toujours dans la présence de Dieu, en paraissant tout occupée des choses extérieures !

Cependant cet état est possible, Dieu n'en ayant point fait dans lequel on ne puisse faire son salut, en proportionnant toujours ses secours et ses grâces à nos besoins.

Il faut donc qu'une religieuse enseignante soit bien convaincue qu'elle ne peut rien sans lui, et qu'elle se détrompe de l'erreur de croire qu'avec de l'esprit, de la raison et du courage, elle remplira son devoir.

Elle ne se soutiendra jamais que par la piété; tout autre projet est sans fondement solide; Dieu se plaît à renverser ceux qui sont appuyés sur leurs propres forces, et les exemples qu'on en pourrait donner sont en grand nombre.

Que celle donc qui est engagée dans la maison sans ce grand fonds de piété, qui est une volonté déterminée de se donner à Dieu sans réserve, la demande sans se lasser, et qu'elle n'espère rien par elle-même, de quelque raison et vertu morale dont elle se croie pourvue.

Que celle qui sent cette bonne volonté se réjouisse, mais qu'elle craigne de la perdre, qu'elle la conserve par défiance d'elle-même et une entière confiance en Dieu.

Qu'elle partage toute sa vie entre le commerce qu'elle aura avec Notre-Seigneur et les obligations de son état.

Qu'elle commence sa journée par lui donner son cœur, par lui demander son secours et la grâce d'agir sans le perdre de vue.

Qu'elle soit fidèle à son oraison, autant qu'il lui sera possible, et qu'elle soit persuadée qu'elle est plus nécessaire pour soutenir l'âme que la nourriture ne l'est pour soutenir le corps.

On ne meurt pas pour manquer quelques repas, mais on s'en trouverait mal à la longue; si une nécessité rare et pressante fait manquer l'oraison, on n'en mourra pas; mais si cela arrivait souvent, on s'affaiblirait, on tomberait malade et on pourrait mourir.

Qu'elle ne se fie donc jamais là-dessus à un certain zèle actif qui fait croire qu'on se soutiendra dans la vie dissipée, pourvu qu'on y porte de bonnes intentions et que l'on n'y soit que pour servir Dieu, et qu'elle croie dans une occasion si importante l'expérience de tous les gens de bien.

Jamais personne n'a été plus opposée à l'oraison que moi, plus difficile à s'appliquer et plus persuadée qu'agissant pour Dieu il n'était pas nécessaire d'employer à la prière un temps que l'on pouvait donner au prochain, et qu'il suffisait de se livrer aux bonnes œuvres dans la vue de Dieu.

Je puis vous assurer qu'on n'avance jamais par cette voie, qu'on n'est point en paix, qu'on travaille sans règle, qu'on se lasse aisément et que l'on trouve que l'on n'a rien fait pour Dieu, mais par humeur, par amour-propre et par des vues très éloignées de la pureté d'intention, qui fait tout le mérite de nos actions.

Il n'en est pas de même quand on travaille avec Dieu, et l'on s'aperçoit bien sensiblement qu'il travaille avec nous.

Une religieuse, bien pénétrée de ces vérités, mettra toute sa confiance en lui sans rien attendre d'elle-même, et deviendra, par son humilité, plus agréable à Dieu et plus utile à la maison que celle qui aura plus de talents naturels, si elle met en eux son espérance.

Elle remplira toutes les charges avec la même joie, puisqu'elles sont toutes également propres à la sanctifier.

Elle sera l'exemple de l'obéissance et de la dépendance pour les supérieurs.

C'est encore là un endroit sur lequel je vous conjure d'être inébranlables ; il est de l'ordre de Dieu d'obéir; notre sexe est fait pour obéir; votre état particulier est un état d'obéissance; obéissez donc et obéissez avec joie, vous y trouverez la sûreté et la paix.

Demandez à Dieu de bons supérieurs; mais, quels qu'ils soient, obéissez dans tout ce qui n'est pas péché.

Croyez que Dieu, qui a mis l'autorité entre leurs mains, leur donnera des lumières pour vous conduire; priez pour eux, ils sont plus à plaindre que vous.

Tâchez d'avoir une confiance illimitée en votre supérieure; elle doit vous tenir lieu de mère. Suivez en tout la voie que Dieu vous a marquée par votre vocation; c'est le plus court, le plus simple et le plus assuré.

Obéissez-lui sans réplique et sans raisonnement; ce n'est pas obéir que de ne faire que ce que vous jugez devoir faire.

Jugez charitablement des intentions de votre supérieure dans le choix qu'elle fait pour les emplois; n'en parlez jamais, et que votre obéissance ait les trois qualités qu'on vous a dites déjà.

Que le corps obéisse pour les choses extérieures; que le cœur obéisse par l'affection à ce qui vous est commandé; que l'esprit obéisse par la soumission à ne point critiquer ce qu'on lui commande.

Soyez donc soumises à vos pasteurs, à vos supérieurs et à tout ce qui a une autorité légitime sur vous.

Choisissez un guide après

l'avoir bien demandé à Dieu, et, quand vous l'aurez choisi, abandonnez-vous à sa conduite avec une docilité d'enfant ; ouvrez-lui votre cœur avec simplicité ; ne craignez point qu'il vous connaisse ; allez de bonne foi ; dites-lui vos maux avec toutes leurs circonstances.

Quand vous consultez un médecin, quel soin prenez-vous de l'instruire de votre tempérament, de vos rechutes et de vos faiblesses ! Regardez votre conducteur avec un extrême respect, puisqu'il tient la place de Notre-Seigneur et qu'il a reçu de lui le pouvoir de vous absoudre. Soyez soumises à tous ses avis : si vous avez peu de lumières, vous avez besoin d'être aidées ; si vous en avez beaucoup, sacrifiez-les avec plaisir. Soyez simples comme des enfants dans tout ce qui regarde votre conscience.

Ne désirez point de dispense pour l'obéissance, obéissez de bon cœur, et regardez toute opposition là-dessus comme l'effet de l'orgueil et du libertinage (1).

Qu'une religieuse soit attachée à sa règle, qu'elle l'observe de bonne foi, qu'elle n'y trouve rien de petit, qu'elle considère que l'observation de sa règle est ce que Dieu lui demande.

Que pouvons-nous faire de

(1) Cette expression, au dix-septième siècle, n'avait pas tout à fait la signification que nous lui donnons aujourd'hui ; elle voulait dire : quelqu'un qui aime trop sa liberté, qui raisonne, qui est turbulent, qui fait l'esprit fort.

grand pour Dieu? tout est égal à son égard; son ordre et notre amour pour lui en font toute la différence.

L'observance de la règle prend tout votre temps, elle ne vous laisse pas un moment, et c'est de cet emploi de votre temps que dépend votre bonheur présent et à venir.

Vous aurez assez prié quand vous aurez bien employé les heures que vous êtes au chœur, et vous prierez encore tout le reste du jour si, vous tenant en la présence de Dieu, vous faites vos actions pour lui.

Vous lui serez agréables dans votre récréation; elle sera méritoire, si vous la prenez dans l'esprit de votre règle.

A peine trouverez-vous les

occasions d'offenser Dieu, et vous vous perfectionnerez avec une grande facilité.

Quel bonheur a une religieuse de pouvoir espérer qu'elle n'ouvrira la bouche que pour Dieu, et de savoir qu'elle lui plaît en reprenant une enfant, en infligeant une punition à une autre, et que tout est digne d'une récompense éternelle, quand il est fait pour lui!

Or, tout ce qui est de votre règle est par rapport à lui; cet accomplissement de la règle est le remède et le préservatif de tous les maux qui sont à craindre dans les communautés; cet emploi du temps n'en laisse point de reste pour s'ennuyer, pour discourir inutilement, pour lier des commerces particuliers, sources de toutes sortes de désordres.

De la manière dont les journées sont disposées, une religieuse ne peut avoir de conversation particulière sans dérober ce temps à quelqu'un de ses devoirs.

Défiez-vous de tout ce qui vous éloignerait de cette vie commune, et regardez comme une illusion les vues de perfection qui vous tireraient des obligations de votre état.

Vous recevez tous les jours de si merveilleuses instructions là-dessus, que vous ne serez pas excusables, si vous n'avez une piété droite et solide. Vous savez que c'est l'amour-propre qui nous fait prendre les chemins extraordinaires, en nous faisant dédai-

gner notre devoir comme moins
propre à nous attirer des louanges.

Vous n'en mériterez pour-
tant que dans cet accomplissement de votre devoir (si nous
pouvons en mériter), et ce ne
sera que par cette voie que
vous deviendrez parfaites.

C'est par l'accomplissement
de son devoir qu'une religieuse
édifiera toutes les autres sans
jamais les fâcher ni les attris-
ter par aucune singularité, qui,
en même temps qu'elle enor-
gueillit celle qui veut être sin-
gulière, décourage celles qui
sont dans une vie commune.

Que vous êtes heureuses de
vous être données à Dieu sans
réserve, et de pouvoir employer tout votre temps à lui
attirer des milliers d'âmes qui

passeront dans votre mai-
son !

Vous êtes nées d'un sexe qui
devrait naturellement vous renfermer dans le silence, dans
l'oubli et dans le soin de votre
sanctification particulière, et
Dieu, par ses desseins sur
vous, vous a appelées aux
fonctions de ses ministres.

Quel honneur ! mais en même
temps quelle infidélité si vous
n'y répondiez pas !

Qu'une religieuse enseignante
peut faire de bien ! et, par la
même proportion, qu'elle peut
faire de mal ! Combien d'âmes
peut-elle porter à Dieu par ses
soins ! combien d'âmes peut-
elle scandaliser et conduire à
la mort par sa négligence !

Votre maison ne peut être
médiocre : il faut qu'elle soit

sainte ou remplie de trouble et de dissipation.

Il faut que vos enfants soient une assemblée d'âmes innocentes et pures qui tendent à Dieu, éloignées de l'esprit du monde, ou que ce soit une troupe d'indépendantes qui s'ennuient, qui aspirent au monde, et qui ne soient arrangées qu'au dehors.

Je sais qu'il pourra y en avoir, dans un si grand nombre, quelques-unes, malgré vos soins, qui voudront se perdre; mais qu'elles n'osent se montrer, et qu'en attendant que leur cœur soit touché par celui qui en est le maître, que leur conduite soit contrainte par la règle et par l'exemple des autres.

Que les religieuses n'entrent

jamais en commerce avec les enfants si leurs charges ne les y obligent, et qu'en ce cas elles ne parlent que pour ce qui est nécessaire, avec douceur et gravité.

Qu'elles considèrent l'exemple qu'on leur doit; qu'elles ne se familiarisent jamais avec elles, surtout avec les grandes. Imitez les mères qui sont sages: elles ne caressent que les plus petits enfants, elles tiennent les autres dans la crainte et dans le respect, quoiqu'ils soient l'objet de leur tendresse.

Ayez une extrême attention à ne les pas scandaliser; croyez qu'on ne peut trop là-dessus être sur ses gardes; elles se mêlent de juger plus tôt qu'on ne pense.

Que les religieuses conservent

précieusement l'éloignement où elles sont des parloirs et de tout commerce avec le monde; elles y ont renoncé, et voué tout leur temps à l'œuvre de Dieu.

Tout le commerce des hommes roule sur l'utilité ou sur le plaisir; elles ne sont utiles à personne, et n'ont besoin de personne; elles trouvent leur plaisir dans leur maison.

Elles sont appelées à un plus noble commerce : demander à Dieu, recevoir de lui, et répandre sur les enfants, voilà leur commerce.

Qu'elles prient pour leurs proches, qu'elles les consolent chrétiennement quand elles les voient; mais qu'elles ne se croient pas obligées de se mêler de leurs affaires et de leur attirer des amis.

Qu'elles oublient les connaissances qu'elles avaient dans le monde, bien loin d'en faire de nouvelles; qu'elles ne pensent qu'à Dieu et à lui tenir tout ce qu'elles lui ont promis.

Qu'elles soient persuadées qu'elles accomplissent toutes le vœu d'élever les enfants, dans quelques charges qu'elles soient, et que celle qui a soin des habits, celle qui est à la porte, celle qui conduit les converses, remplit les devoirs de l'institut comme celle qui est aux classes.

Qu'elles ne raisonnent jamais sur leurs emplois : ils sont en quelque manière tous égaux; il n'y aura de différence qu'à proportion de la perfection avec laquelle on s'en acquittera.

VII

CONSEILS DE DIRECTION.

Demandez à Dieu un bon esprit, droit, simple, qui cherche le bien sans inquiétude, qui soit facile à édifier et éloigné de se scandaliser, qui ne se fâche jamais, qui juge favorablement du dessein de ceux avec qui il faut vivre, qui oublie le monde puisqu'il y a renoncé, qui soit persuadé que toutes ses obligations sont renfermées dans sa maison, qui remercie Dieu du goût qu'il lui a donné pour sa vocation, qui la fasse aimer par son exemple qui y est mille fois plus propre que les paroles.

Vous voyez que je vous donne abondamment les avis que vous me demandez; il y en a assez pour vous rendre parfaite, et c'est ainsi que nous sommes capables souvent de dire bien aux autres, tandis que nous ne faisons rien pour nous. Priez Dieu que je profite à l'avenir des lumières qu'il me donne, et que nous puissions vivre ensemble de façon que nous nous retrouvions dans un lieu où nous ne nous séparerons plus.

VIII

PRÊCHER PAR L'EXEMPLE.

JE remercie Dieu de ce qu'il fait en vous; vous avancez, vous êtes rentrée en vous-même, vous paraissez tout occupée de votre sanctification et du bien de la maison; vous ferez de grands biens.

Continuez votre saint et généreux dessein; prêchez par votre exemple; il sera plus fort que tous vos discours. Dites dans les occasions tout ce que Dieu vous inspirera; rien n'est si persuasif que de faire soi-même ce qu'on enseigne aux autres. J'ai beau prêcher chez vous la dépendance des supérieurs, on m'y croit intéressée, et enfin je n'en connais pas le poids. Mais pour vous, qui obéirez en prêchant l'obéissance, vous aurez plus de force que moi. Soyez donc la plus soumise à votre supérieure, quelle qu'elle soit; vous me donnerez une grande consolation, et vous ferez, si vous voulez, plus de bien que vous ne pouvez le comprendre.

IX

FAIRE SERVIR LES DONS DE DIEU A RENDRE LES AUTRES MEIL-LEURS.

Je suis ravie de tout ce qui me revient de la régularité de la communauté. Vous pouvez beaucoup y contribuer; vous êtes aimée et estimée de tout le monde; votre extérieur et toutes vos manières plaisent; Dieu ne vous a pas donné ces talents pour vous seule dans un lieu où tant de bien doit être communicatif.

Travaillez sur ce pied-là, je vous en conjure au nom de

Dieu; faites-vous aimer des moins parfaites pour les attirer à votre exemple; faites-leur aimer leur vocation par la joie qu'elles vous verront; soyez plus soumise que la dernière des postulantes; n'obéissez point à la supérieure pour le goût que vous avez pour elle; que votre obéissance soit plus parfaite, et qu'elle ne s'attache point à la personne, mais à la supériorité. Je vous estime et je vous aime bien plus que je ne vous le dis et que vous ne pouvez le croire.

✿✿✿✿✿✿✿✿✿✿✿✿

X

DES OBLIGATIONS DE LA VIE RELIGIEUSE ET ENSEIGNANTE ; EXHORTATION A AIMER DIEU.

AIMEZ votre institut, comprenez-le dans toute son étendue, et sacrifiez-vous pour en remplir les obligations. Pesez bien ce que c'est que le vœu que vous faites à l'égard des enfants. C'est donner tout, que de n'excepter rien. Le mot élever s'étend à tous les soins des mères ; il faut donc être persuadée que, leur ayant voué tout le temps de votre vie, vous ne pouvez en prendre sans leur voler, et qu'il n'y a, pour votre relâchement et votre plaisir, que celui que la règle vous marque.

Il faut que tout le reste soit pour votre sanctification et pour la fin de votre institut, qui est de mettre la religion dans le cœur de vos enfants, et prendre, pour les former au bien et pour les préserver du mal, tous les moyens qui vous seront marqués. La même droiture et la même bonne foi qui doit vous occuper d'elles quand vous en êtes chargée doit tourner vos soins ailleurs, dès que l'obéissance vous l'ordonne, et vous devez alors oublier vos élèves sans vous en mêler, sous quelque prétexte que ce soit.

J'espère, par la bonté de Dieu, que vous serez bien éloignée des grands péchés. Mais prenez garde à ne vous pas méprendre dans le bien; le zèle est quelquefois indiscret, et la charité n'est pas toujours bien réglée. On a connu le fond du cœur d'une enfant; elle a eu de la confiance en vous; il paraît que vous la portiez à Dieu; on veut suivre cette bonne œuvre, et cette bonne œuvre n'est plus pour vous; la grâce cesse avec la mission, soyez-en bien persuadée. Marchez selon la foi; souvenez-vous de ce qu'on vous dit le jour de votre noviciat sur la vocation : « Dieu vous envoie où votre supérieure vous envoie, et c'est pour ces emplois que Dieu vous donnera la grâce. »

Soyez ferme sur ces principes; ils feront votre paix, votre sûreté et l'union de votre communauté. Ne vous mêlez jamais des affaires les unes des autres; s'il se présente à vous quelque désordre sans l'avoir cherché, avertissez votre supérieure, et après cela, n'y pensez plus. Vous savez combien il y a que je dis la même chose; votre expérience vous en a beaucoup appris; les saintes compagnes que Dieu vous a données en savent mille fois plus que moi : profitez de tout, faites bien des provisions, mais surtout aimez Dieu. Donnez-vous à lui sans aucune réserve, ne comptez point sur vous, et le reste vous sera donné. Prenez l'esprit de communauté, évitez les singularités, même dans le bien;

que votre vie paraisse commune, et qu'entre Dieu et vous ce soit celle d'un ange, ou plutôt celle de Jésus-Christ. Je me laisse aller au plaisir de vous entretenir et à l'ardeur que j'ai de voir une piété solide établie chez vous; demandez-la pour moi.

XI

DANS LA TRISTESSE ET L'AFFLIC-
TION : CONFIANCE EN DIEU;
SOUFFRIR POUR EXPIER; TRA-
VAIL ET PRIÈRE; SOUMISSION
AU DIRECTEUR; CHASSER LA
CRAINTE.

Consolez-vous avec Dieu; il n'est pas si loin que vous le croyez; vivez sans penser qu'au jour où vous êtes; ne vous faites point de peine du long ennui que vous avez à souffrir: il ne durera pas; priez un moment le matin pour demander à Dieu qu'il ne vous abandonne pas; excitez-vous dou-

cement à des actes de foi, et,
du reste, réjouissez-vous avec
vos sœurs, occupez-vous le
plus que vous pourrez, ne faites point tant de réflexions
sur vous-même, regardez-vous
comme un malade qui attend sa
guérison sans se tourmenter et
qui prend les remèdes qu'on lui
ordonne.

Voyez pourtant à quel prêtre
vous voulez parler et vous confier.

Ne soupçonnez point les confesseurs : à qui parleraient-ils
s'ils étaient sans conscience? et
que craignez-vous? Pourquoi
voulez-vous douter de votre foi?
eh! si vous n'en aviez point,
seriez-vous affligée comme vous
l'êtes? Espérez, tout ira bien,
et ce qui est passé renouvellera
votre amour pour Dieu; quand

vous considérerez sa patience, vous éprouverez que

Il s'apaise, il pardonne;
Du cœur ingrat qui l'abandonne
Il attend le retour (1);

vous reviendrez à lui et à la joie d'une bonne conscience, qui est la seule qu'on puisse goûter sur la terre.

Il faut vouloir tout ce que Dieu veut; mais ne perdez pas le fruit de vos peines en souffrant sans rapport à lui, et comme il est assez bon pour nous récompenser de nos peines involontaires, soyez assez habile pour les mettre à profit en lui offrant votre tristesse en satisfaction de vos péchés,

(1) *Esther*, acte III, scène IX.

et en voulant vous conformer à sa sainte volonté; tout cela se peut facilement par de petits retours vers lui.

Occupez-vous de votre charge; elle ne vous laissera pas vous détourner de cette tristesse qui vous tourmente; demandez à aller au jardin prendre un peu l'air, si cela peut vous divertir; traitez-vous comme vous traiteriez une autre; tout cela est bon, si vous le faites avec une véritable envie de sortir de l'état où vous êtes pour mieux servir Dieu, quand il vous aura rendu la santé.

Voyez combien on serait heureux si on mettait son plaisir et sa confiance en Dieu : on n'éprouverait point cet abandon de tout secours dont vous

vous plaignez présentement. C'est une réflexion que je fais toutes les fois que je change de lieu; on laisse toujours quelque chose ou quelqu'un à quoi on a regret, mais on trouve Dieu également partout. Nous avons tous besoin d'être aidés, car outre que nous sommes faibles, Dieu agrée et bénit la soumission qu'il y a de se laisser conduire. Parlez au confesseur. Mais ne prenez pas ce secours avec dégoût, avec dédain, avec hauteur, avec orgueil, car avec une telle disposition tout vous deviendra inutile.

Cherchez Dieu et ce qui peut vous mener à lui; n'ayez point d'autres vues; respectez le caractère des ministres de Jésus-Christ; n'ayez point d'attention à la personne : elle ne doit point être comptée ni en bien ni en mal.

Vous avez fort bien fait de pleurer devant Dieu, et de lui conter vos peines, mais la même foi qui vous fait adresser à lui doit vous soumettre à sa volonté, car notre religion serait bien douce et bien aisée à professer s'il n'y avait qu'à vouloir ce que Dieu veut quand il ne veut que ce que nous voulons. Jugez de mon amitié par la liberté que je prends de vous prêcher, car je reconnais bien véritablement que ce n'est pas à moi à faire ce personnage-là; mais il est vrai qu'il n'y en a point dont je fusse capable pour vous soulager, et pour vous aider dans le dessein que vous avez de vous convertir véritablement.

Vous êtes troublée, ma chère enfant ; vous voulez vous donner à Dieu, vous n'en avez pas le courage, et il vous fait la grâce de ne pouvoir demeurer tranquille dans cet état ; ravissez donc le ciel par un peu de violence ; ne demeurez pas, tandis que ceux qui ont moins reçu que vous se convertissent entièrement ; choisissez un guide, et marchez avec lui ; vous broncherez, mais vous ne tomberez pas tout à fait ; vous l'aurez d'un côté et moi de l'autre, car je ne prétends pas vous abandonner jamais, je prendrai toujours un vif intérêt à vous. Qu'est-ce qui vous retient ? vos péchés ? et pourquoi est-ce que Jésus-Christ est venu ? Vous êtes honteuse de dire toujours les mêmes choses ? et c'est cette honte-là qui fera une partie de votre pénitence. Je suis plus en peine de votre gloire que de vos péchés; c'est ce qui nous éloigne le plus de Dieu, et c'est contre ce mal-là que vous avez besoin de remèdes.

Souvenez-vous de saint François de Sales, quand il dit que les tentations ne sont pas à craindre, tant qu'elles nous déplaisent; vous voyez que les vôtres sont de ce nombre. Prenez courage, ma chère fille, Dieu vous punit et vous éprouve; mais il ne veut point vous perdre, et vous le voyez visiblement par la conduite qu'il tient sur vous. Pourquoi vous abandonnez-vous à la crainte, et quels péchés Dieu n'a-t-il pas pardonnés? Il n'a excepté que le désespoir; n'allez donc point jusque-là, et ne vous laissez point accabler par la tristesse.

Vous trouvez trop d'affaires quand vous voulez travailler à votre salut : nous sommes tous de même; mais vous ne vous en rebuterez jamais si vous voulez être bien persuadée que vous n'aurez jamais fait assez, et que jusqu'à la mort il faut travailler. Je vous l'ai dit plusieurs fois, et l'expérience me l'a appris; vous trouverez le repos quand vous ne le chercherez plus : il est comme le sommeil qui s'éloigne de nous, à proportion que nous le cherchons et nous inquiétons pour le trouver.

XII

MISSION DES RELIGIEUSES, L'ÉDU-
CATION DES ENFANTS; SAGES
CONSEILS TOUCHANT LES RELA-
TIONS, LA VIE DE COMMU-
NAUTÉ, LA FIDÉLITÉ AUX RÈ-
GLES.

Si les religieuses veulent suivre les intentions de leur fondateur, il faut qu'elles se regardent comme chargées uniquement du soin des enfants qu'on leur confie. L'éducation de ces enfants, c'est leur unique affaire qui s'étend bien loin si elles en connaissent toutes les obligations. Ce n'est pas assez d'un ordre extérieur et de l'accomplissement de la règle de la journée; il faut attaquer les mauvaises inclinations et les vices s'il y en a, en faire de solides chrétiennes, leur donner des principes sur tout, afin qu'elles puissent y revenir quand elles seront assez malheureuses pour s'en écarter, pendant quelque temps de leur vie.

Il faut donner à toutes même instruction sur la religion et les mœurs; il faut un soin égal de leur santé.

Il y a des maisons destinées à la contemplation, au chant des louanges de Dieu, à l'adoration perpétuelle du Saint-Sacrement, et à plusieurs autres manières de servir Dieu, qui sont excellentes; mais la vôtre est faite uniquement pour former les jeunes filles et celles qui sont nécessaires pour les instruire. Il faut bien comprendre cette obligation avant de s'y engager; mais quand on a fait les vœux, il faut être bien convaincue que tout ce qui détourne de celui d'employer toute sa vie à instruire, enseigner et élever les enfants ne serait que tentation. Il faut donc que les religieuses se rendent parfaites pour perfectionner les autres, et qu'elles y travaillent autant par leur exemple que par leurs paroles.

Un institut enseignant est une sorte de collège; il faut que tout ait rapport à l'instruction et à l'éducation, et que la maison se conforme à ce qui se passe dans les lieux où il y a beaucoup d'enfants. Les écoliers ne connaissent que leurs maîtres ; les pensionnaires n'ont aucun commerce qu'avec celles qui sont chargées des classes ; on ne saurait trop renfermer les élèves dans la leur ; et si on veut en être craintes, respectées et estimées comme il faut l'être pour leur inspirer le bien, il faut rarement se montrer à elles (1).

Surtout, évitez la trop grande liberté, ne courez point par la

____

(1) Pour mesurer la portée exacte de ces conseils et ne pas leur donner un sens trop absolu, il faut se rappeler qu'ils s'adressaient à une communauté nombreuse, dont une partie seulement des membres était affectée à l'éducation des jeunes filles, tandis que l'autre vaquait aux exercices et aux observances de la vie religieuse. De nos jours, on trouve encore des communautés dans ces conditions.

maison, n'allez qu'où vous avez affaire, ne faites jamais de visites qu'avec permission, et prenez les relâchements dont vous avez besoin dans la communauté, et toutes ensemble. Vous êtes perdues si le dégoût de la communauté vous prend, et s'il vous faut des commerces particuliers les unes avec les autres.

On ne peut assez louer Dieu de l'éloignement que l'on a dans votre communauté pour les parloirs; c'est la sûreté de votre vocation, c'est l'intention des fondateurs, c'est votre bonheur pour le temps présent et pour l'avenir, et les anciennes ne peuvent trop soutenir cette sainte pratique.

On a une conduite sur les ecclésiastiques, qui est encore

une grande bénédiction. Je prie Dieu de tout mon cœur qu'elle ne change jamais; que, sous quelque prétexte que ce soit, on ne les voie point qu'à l'autel et au confessionnal; que l'on n'en parle point; qu'il ne soit question ni des confessions, ni des confesseurs; que l'on n'ait point de préférence pour les uns ni pour les autres, et que l'on aille simplement à celui que l'on veut, sans dire les raisons de son choix. Il faut que les sacristines soient exactes à ne parler aux prêtres que pour les choses nécessaires, et que ce soit avec une modestie qui les édifie.

Je vous conjure, mes chères filles, de garder une grande simplicité dans le choix de vos livres, de prendre ceux que votre supérieure vous donnera, sans vous mettre en peine de qui ils sont. Attachez-vous aux choses que vous y trouverez, et point aux termes; lisez pour profiter, n'ayant point d'autres vues; elles sont toutes vaines et dangereuses, et nous sommes trop heureuses d'être obligées, par notre sexe et notre ignorance, à être simples et soumises, puisque c'est la voie la plus facile et la plus sûre.

Ne soyez point curieuses de savoir ce qui n'est point utile à votre salut et à l'éducation des enfants : ce sont les deux seules choses dont vous êtes chargées. Partagez votre vie entre les prières, l'instruction de vos filles, l'exercice de vos charges, et le divertissement honnête et réglé qui vous est nécessaire; attachez-vous à une exacte obéissance envers vos supérieurs, et en cela, ne croyez rien de petit; c'est ce qui soutiendra votre maison.

Rien n'est si dangereux dans les communautés que ces esprits qui en méprisent les règles, les coutumes et les maximes, qui y trouvent de la petitesse et qui prétendent que Dieu ne peut compter ce qui n'est pas grand; c'est le discours de l'impie, et vous ne pouvez trop tôt vous défaire de ces sortes de caractères d'esprit. Nous n'avons rien de grand à donner à Dieu; tout est également petit devant lui; il n'y a que notre amour et la pureté d'intention qui y donnent le prix, et l'assujettissement à votre règle lui plaira, comme si vous souffriez le martyre.

Concevez bien vos obligations devant Dieu, et ne croyez pas en être quittes pour être de médiocres religieuses. Il vous faut un zèle ardent à suivre les intentions de votre fondateur.

Les vues chrétiennes et désintéressées qu'on a voulu vous inspirer, et si j'ose parler de moi, tous mes soins et toute mon application, tout cela, dis-je, sera inutile, si vous ne travaillez sans relâche à établir une vertu solide dans votre maison.

Il n'y a point de communauté qui ait tant de surveillants que la vôtre; vous devez l'exemple à beaucoup d'enfants qui ont toujours les yeux sur vous, et dont la plus jeune se mêle de juger de tout ce que vous faites.

Examinez bien la vocation des sujets que vous voudrez recevoir parmi vous : il leur faut de la santé, de l'esprit et quelques talents, s'il est possible; mais la vertu et la véritable vocation sont préférables à tout, car avec une vertu solide et droite, tout se rectifie.

Soyez de même pour vos sœurs converses, et vous verrez qu'une fille pieuse et d'une piété droite vous rendra plus de services avec une force médiocre, qu'une fille forte ne vous en rendra si elle n'a pas la vue de Dieu; la raison en est que celle qui sert Dieu en vous servant fait tout ce qui lui est possible, et l'autre le moins qu'elle peut.

Souvenez-vous de ce que je vous ai dit mille fois sur les relâchements dont vous avez besoin ; ne les prenez jamais devant vos enfants, à moins qu'ils ne soient très modérés, et qu'elles ne vous voient toujours en état d'attirer leur estime et leur respect.

Ne vous séparez jamais, quoi qu'il pût vous arriver dans la suite, et s'il y en a de plus sages les unes que les autres, qu'elles ne s'éloignent point de leurs sœurs, qu'elles les attirent à la vertu par leur douceur et par leur amitié.

Gardez un milieu entre l'indifférence de votre charge ou le trop d'attachement ; il faut la bien faire et s'y affectionner, mais tâcher de donner toujours quelques heures à la communauté et à l'union générale.

Votre ménage doit être un grand ordre, une application à ne rien laisser perdre et à conserver ce que l'on a, le retranchement de toutes sortes de délicatesses, et une vue d'épargner pour faire plus d'aumônes.

Souffrez que je vous dise encore que l'assiduité à la communauté est ce qui vous sera le plus utile : quand, de bonne foi, vous partagerez votre journée entre les observances, les fonctions de votre charge et quelques heures à la communauté, vous n'en aurez guère de reste.

XIII

QU'IL FAUT S'EXCITER A LA PER-
FECTION PAR L'EMPLOI QU'ON
REMPLIT ET L'EXEMPLE QU'ON
DOIT DONNER; RÉGLER SA
CHARITÉ (1).

JE ne doute pas que les filles que vous conduisez ne vous
fassent rentrer en vous-même
et ne vous excitent à la perfection; vous devez y tendre d'autant plus que votre exemple
sera plus fort pour elles que
tous vos soins et vos discours,

(1) A une Maîtresse des converses.

qu'il ne faut pourtant pas négliger.

N'en demeurez pas pour vous
à la spéculation, et, quoique
vous deviez y être humble,
n'en voyez pas moins les grâces que Dieu vous fait. Je le
prie de tout mon cœur de les
augmenter encore, afin qu'en
opérant votre salut, vous puissiez contribuer à celui de tant
de personnes qui sont sous vos
yeux. Soyez en garde contre la
bonté et l'amitié que vous avez
pour vos filles, et que votre
charité soit pour votre maison
préférablement à l'intérêt particulier. Croyez que l'on ne
peut vous estimer ni vous aimer plus véritablement que je
ne le fais.

XIV

DE LA PIÉTÉ SOLIDE CHEZ LES CONVERSES; CONSULTER LES DIRECTEURS; DU RÔLE D'UNE SOUS-PRIEURE; DOUCEUR; PAIX ET OBÉISSANCE (1).

Vous ne pouvez trop con-
sulter pour la conduite des filles dont vous êtes chargée : il y
a bien des communautés moins
nombreuses que celle que vous
gouvernez, et vous avez un
grand intérêt à établir une solide piété et un bon esprit dans

(1) A une Maîtresse des converses.

vos converses ; elles peuvent ou vous rendre de bons et essentiels services, ou vous faire bien de la peine ; l'esprit que vous leur inspirerez dans ces commencements demeurera dans votre maison ; formez-vous pour mieux les former, et n'épargnez rien là-dessus.

Vous savez que Dieu nous a donné des gens de bien et d'une grande capacité (1) : voyez-les donc quand l'occasion s'en présentera, et écrivez-leur toutes les fois que vous en aurez besoin ; leurs lettres vous seront des décisions qui vous serviront plus d'une fois. Vous êtes sage, pieuse et attachée à la règle ; c'est une digne sous-prieure qui doit veiller incessam-

(1) Comme directeurs spirituels.

ment à l'établissement de la régularité; concertez bien toute votre conduite avec la supérieure, et aidez-lui à tenir tout dans l'ordre et à observer vos jeunes religieuses. Il faut user de tout pour les mener au bien : votre exemple est un des meilleurs moyens; et aussi un peu d'adresse, car il ne faut pas toujours employer l'autorité. J'espère beaucoup de votre vertu, et il faut que vous la rendiez utile à nos desseins.

Demandez le Saint-Esprit avec tous ses dons, et surtout demandez la paix et la douceur. Vous devez former les sœurs converses à l'épargne et au service; mais il ne faut pas qu'il vous en coûte d'être rude pour vous; avec le prochain, allez avec douceur, vous n'en irez pas plus lentement, et Dieu bénira vos desseins.

Il faut que vous pratiquiez la pauvreté dans votre charge, mais sans que votre paix en soit troublée, car vous ne ferez jamais bien si vous vous livrez au trouble et au désir impatient de vouloir tout établir en peu de temps. Il faut, dans le chemin de la perfection, aller doucement et patienter sur nos fautes; à plus forte raison sur l'arrangement du temporel. Il faut tendre aussi à la perfection, mais patienter sur mille inconvénients qui se rectifient peu à peu et bien plus sûrement quand vous n'irez pas si vite.

Surtout aimez la dépendance; renoncez à votre propre volonté; défiez-vous d'elle dans ce qui vous paraît le meilleur, et croyez que tout ce que vous ferez par obéissance sera plus avantageux pour vous, et même pour la maison que ce que vous ferez par vous-même. Proposez pourtant ce que vous croyez bon, et tenez-vous en paix, quoi qu'on fasse. Réjouissez-vous, ne vous laissez point surmonter aux affaires. N'agissez pas en savante, mais en bonne religieuse.

XV

COMMENT IL FAUT SE COMPORTER DANS L'INFIRMITÉ : ABANDON A LA VOLONTÉ DIVINE, PATIENCE ET HUMILITÉ.

Je vois avec beaucoup de peine celle que vous avez, et je voudrais bien que votre santé fût assez bonne pour vous donner une charge qui vous occupât et qui vous tirerait d'avec vous-même, qui est une compagnie dangereuse pour vous. Dieu confond notre esprit et vous fait voir ce que nous sommes, quand nous croyons être quelque chose.

Qui aurait cru que vous auriez été inutile à notre maison? Je ne vous le dis pas pour vous insulter, vous le croyez bien, mais pour vous conjurer de renoncer à ce malheureux esprit, de le réduire à la simplicité, de le soumettre à l'obéissance, de ne vous en plus parer et de devenir petite sans affectation (1).

Pourquoi êtes-vous étonnée du changement qui arrive en vous? Ne sommes-nous pas l'inconstance même? Et n'est-il pas de la conduite de Dieu de nous abaisser ainsi, afin que nous ne tombions pas dans le découragement? Ne faites point

(1) La religieuse, à qui s'adresse Mme de Maintenon, avait de l'esprit et de la piété, mais les infirmités et la maladie l'empêchaient de rendre aucun service à la communauté.

tous ces retours sur vous-même ; allez simplement à Dieu ; n'ayez point de conversation de suite ; ne songez point à instruire ; évitez les disputes et les discussions ; oubliez votre esprit, Dieu ne le bénira que quand il sera employé par son ordre, et sa volonté est que vous en fassiez peu d'usage présentement. Je le prie de tout mon cœur de vous anéantir à vos propres yeux, afin que vous deveniez propre à son service.

Je ne suis pas plus convaincue de l'insuffisance et de l'inutilité de la raison que je le suis de la nécessité de l'humilité. Ce ne sont pas les lumières qui vous manquent, vous en avez sur tout ; mais votre esprit fait trop de chemin, et

je crois qu'il faudrait y renoncer et vous tenir en paix dans
l'état où il plaît à Dieu de vous
mettre; il n'y en a pas de plus
propre à vous sanctifier. Vous
avez des talents, il les rend
inutiles et vous met dans un
lit pour pratiquer la patience,
l'humilité, la douceur, et non
pas pour instruire et pour
servir la communauté, comme
il paraissait que vous auriez
pu faire; c'est ainsi qu'il confond nos projets, et que nous
ne serons jamais en sûreté que
par cet abandon à sa volonté.

Mais aussi, ma chère fille,
combien lui seriez-vous agréable, si vous étiez en paix dans
ce lit, toute résignée à ce qu'il
lui plaira faire de vous, soumise aux remèdes sans y mettre votre confiance, indifférente

8

à la nourriture, bien persuadée qu'il y mettra sa bénédiction, docile pour ce qu'on exige de vous, facile à servir, comptant que vous ne méritez pas de l'être, et par là dans un continuel exercice des vertus les plus solides, parce qu'elles sont moins éclatantes! Dieu veuille vous inspirer ces pratiques et vous consoler quand vous y aurez manqué. La maladie affaiblit l'esprit, et il ne faut pas vous affliger de vos fautes. Fénelon disait : « qu'il ne faut pas s'arrêter à ses chutes, mais nous relever et reprendre notre course ». Cette figure nous fait comprendre bien nettement le temps qu'on perd à considérer sa chute, et qu'il vaut mieux avancer.

Je ne connais point en vous

tout l'orgueil que vous confes-
sez, mais je vois bien que
Dieu a voulu enfermer dans
une infirmerie tous les talents
qu'il vous a donnés, et que
vous n'en sortirez point que
vous n'ayez appris à les mépri-
ser, et à ne rien attendre d'eux
qu'autant qu'il lui plaira de les
bénir.

On ne peut douter que vous
en soyez mal saine, mais votre
esprit vous fait encore plus de
mal que votre corps; vous ne
pouvez vous empêcher de rai-
sonner sur tout, vous voulez
n'avoir point de torts, et qu'on
en soit persuadé; vous en
avouez quelquefois par vertu,
et il y en aurait plus pour vous
à vous taire et à vous contenir.
Je crois que vous seriez plus
vertueuse si vous vouliez l'être

moins; vous avez l'esprit délicat, et vous voulez contenter toutes ses délicatesses; ne cessez point de demander à Dieu la simplicité; faites à chaque occasion du mieux que vous pourrez, et n'y pensez plus. Qu'importe que vous ayez pleuré mal à propos ou non? Qu'importe le jugement que j'en puis faire? pourquoi croire que j'en fais? Occupez-vous de Dieu, et point du tout de vous. Combien y a-t-il qu'on vous exhorte à cette pratique! Vous vous en porteriez mieux pour l'âme et pour le corps.

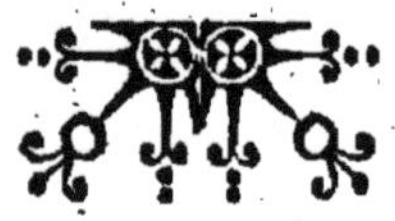

DEUXIÈME PARTIE

ÉDUCATION

ET

ENSEIGNEMENT

ÉDUCATION

ET

ENSEIGNEMENT

I

PROGRAMME D'ÉDUCATION CHRÉTIENNE.

JE voudrais qu'on inspirât aux enfants :

Un grand amour pour le catéchisme;

Qu'il n'y a rien de si important sur la terre que la réception des sacrements;

Une conscience droite, simple et ouverte;

Qu'on se rendît maître de leurs lectures, et qu'on leur dît que, dans le Nouveau Testament, il faut adorer ce qu'on n'entend pas et pratiquer ce qu'on entend;

Qu'il ne faut point être curieux, et se borner à un petit nombre de livres;

Que toute piété consiste dans l'observance des commandements et la pratique des vertus.

Leur faire aimer le silence et le travail.

Chercher des inventions ou quelque intérêt pour leur donner le goût du travail.

Expliquer ce qu'on leur dit; les rendre simples à tout dire, en ne les grondant jamais.

Réjouir leur éducation.

Diversifier leurs instructions.

Reprendre continuellement et doucement.

Regarder les classes comme le principal de la maison.

Que la supérieure soit ingénieuse à faire des distinctions qui mettent l'émulation dans les classes.

Qu'on se serve de petites inventions pour stimuler cette émulation, mais il faut pourtant se garder des distinctions qui élèvent trop les unes et qui découragent trop les autres.

Qu'on leur apprenne à parler français, mais simplement.

Qu'elles écrivent de même.

Qu'on leur parle chrétiennement et toujours raisonnablement.

Qu'on égaye souvent leurs

instructions, et qu'on ne leur en fasse pas de trop longues.

Qu'on les élève en séculières et bonneschrétiennes, sans exiger d'elles des pratiques religieuses (1), comme de n'oser lever les yeux.

Qu'elles ne fassent point de déclarations publiques de leurs fautes.

Qu'on ne les fasse point mettre à genoux en toutes occasions.

Qu'elles se réconcilient seulement comme les chrétiens doivent faire, quand ils se sentent offensés les uns aux autres.

Qu'on les aime toutes également.

(1) C'est-à-dire des pratiques conformes à la vie religieuse.

Qu'on leur inspire un grande horreur pour le monde, sans qu'elles puissent croire que c'est pour les porter à être religieuses, mais qu'on leur explique les avantages de la vie religieuse.

II

TOUT SACRIFIER A LA FIN DE SON
INSTITUT QUI EST L'ÉDUCATION ;
BONNE FOI ET VIGILANCE.

L'ÉDUCATION est l'objet que vous devez avoir toujours devant les yeux ; rejetez comme tentation tout ce qui peut y être nuisible ou inutile.

Laissez conduire les détails à la supérieure ; qu'elle soit libre à refuser ou accorder, selon ce qu'elle juge à propos ; facilitez sa pénible charge par votre obéissance. Ne croyez pas avoir rempli ce vœu d'o-

béissance en demandant permission ; il faut s'accommoder
du refus, et se soumettre inté-
rieurement et extérieurement.

Profitons de tout pour affer-
mir l'institut dont nous sommes
chargées chacune à notre manière, et demandons à Dieu la
fermeté qui nous est nécessaire
pour nous opposer à tout ce
qui peut donner quelque at-
teinte à l'éducation des enfants.
N'oubliez jamais que l'esprit
qui doit régner ici est de se
renfermer dans l'éducation des
enfants, et de renvoyer au dehors tout embarras, afin de
travailler sans cesse paisible-
ment et continuellement à cette
œuvre.

Je ne demande de vous que
deux choses, la bonne foi et la
vigilance : la bonne foi vous

portera à vous donner tout entières à leur éducation sans rien négliger de ce qui est propre à les former, et la vigilance vous mettra en état de leur faire éviter mille fautes, et de leur faire prendre toutes sortes de bonnes habitudes. Cette continuelle attention qui leur est si nécessaire vous est également bonne pour l'exercice de votre vertu; car, à parler franchement, sans ces sortes d'assujettissements qui ont obligé vos fondateurs à vous retrancher les autres austérités, votre vie serait trop douce pour des personnes consacrées à Dieu.

III

QU'IL NE SUFFIT PAS DE SE DON-
NER AUX ENFANTS D'UNE MA-
NIÈRE SUPERFICIELLE, MAIS IL
FAUT S'ASSURER QUE TOUTES
TRAVAILLENT, PRIENT, OBÉIS-
SENT DE « BONNE FOI ».

JE voulais vous conjurer
de ne vous pas donner aux
classes d'une manière superficielle, et de ne pas croire que
vous avez rempli votre devoir
quand vos enfants se sont
levées en silence, qu'elles ont
fait leur prière, qu'elles ont
passé les corridors sans bruit
et que toute la communauté en

est édifiée; qu'elles ont été à la messe, et s'y sont arrangées comme on le désire; qu'elles ont lu, écrit, appris le catéchisme, assisté à vos instructions sans faire de bruit; que vous avez travaillé dans une profonde paix, dans la présence de Dieu, et avec plus de recueillement que dans toute autre charge; que vous ne trouvez rien dans votre examen et que vous vous couchez contentes de vous.

Non, mes chères filles, ce n'est pas ainsi que vos jours doivent être remplis, et il n'y a rien là qui puisse vous faire connaître le cœur des jeunes personnes dont vous êtes chargées.

S'il n'y a point de péchés de commission dans votre examen, il y a bien des omissions,

et vous n'avez point pour cela
rempli toutes vos obligations.

Je voudrais qu'en éveillant
vos enfants, vous disiez à quelqu'une un mot capable de l'exciter à la piété; qu'à la prière
vous regardassiez si elles y ont
de l'attention, afin de leur parler là-dessus dans les temps
que vous aurez; qu'à la messe
vous ouvrissiez les yeux quelques moments pour regarder
celles que vous pouvez voir,
et qu'avec un crayon vous
marquassiez les moins sages;
que pendant les exercices, vous
vous occupassiez de veiller sur
toutes les personnes qui travaillent avec vous, pour voir
si elles le font de bonne foi;
que si elles y manquent, vous
les reprissiez avec douceur
plusieurs fois; que si elles

continuent, vous le marquassiez sur vos tablettes pour en
avertir celles qui les conduisent.

Que vous fussiez accessibles
aux plaintes qu'on aurait à
vous faire de vos enfants; que
vous jetassiez les yeux sur
toutes pour voir si elles s'occupent de bonne foi; que vous
en missiez une en pénitence;
que vous allassiez en reprendre
une autre devant ses compagnes
afin de profiter à toutes; que
vous parlassiez en particulier
à quelqu'une; qu'un jour vous
prissiez en particulier vos chefs,
un autre jour les aides, un
autre jour les suppléantes, un
jour les meilleures élèves, un
autre les plus mauvaises.

Que vos instructions publiques fussent vives et courtes,

n'accoutumant jamais vos enfants à ne vous point écouter.

Ne point passer de jour sans avoir donné une bonne maxime à votre classe.

Ne vous point coucher sans avoir attaqué quelque vice et fait aimer quelque vertu.

Vous n'aurez guère filé, vous aurez beaucoup parlé; mais c'est votre état : vous aurez travaillé pour Dieu. Il viendra un autre temps où vous passerez les jours en silence et dans une paix plus sensible.

Cependant, mes chères filles, la véritable et solide paix est de servir Dieu comme il veut être servi; ces moyens vous feront connaître vos enfants et vous mettront en état de les reprendre selon leurs besoins.

Tout cela doit se faire sans agitation, mais sans relâche.

Les maîtresses subalternes doivent travailler conjointement avec vous dans le même esprit, et semer continuellement; reprendre toutes les fautes avec douceur et force; ne se plaindre à la première maîtresse qu'après plusieurs rechutes dans la même faute, et marquer celles dont elles ont à parler, de peur de l'oublier; dire simplement : Une telle ne ne se corrige point d'un tel défaut, sans conter le détail de la faute, le reste faisant perdre du temps à celle qui parle et à celle qui écoute.

Dieu veuille vous enseigner lui-même.

IV

DE L'ENSEIGNEMENT DE LA RELI-
GION PAR LE CATÉCHISME; SUR
LES RÉPRIMANDES; DU RES-
PECT DU A DIEU ET A SES MINIS-
TRES; DE LA CONFESSION; DE
LA VRAIE PIÉTÉ; DES VERTUS A
INCULQUER AUX ENFANTS; PA-
TIENCE, DOUCEUR, DÉSINTÉ-
RESSEMENT.

Vous ne pouvez trop, ni trop tôt, imprimer la religion dans le cœur des enfants qui sont commises à vos soins; il serait à désirer qu'on leur en eût parlé avant qu'elles vinssent chez vous, et vous aurez peut-être bien de la peine à effacer la mauvaise éducation que l'on aura donnée à quelques-unes.

Mais, soit qu'il faille établir ou détruire, travaillez sans cesse à leur faire connaître la religion dans toute sa grandeur, dans toute sa beauté, sa solidité et sa simplicité.

Ne vous lassez jamais de leur apprendre le catéchisme; il faut qu'elles le sachent à la lettre, qu'elles le comprennent, et que ni vous ni elles ne regardiez cette instruction comme enfantine; c'est celle des enfants, en effet, mais c'est celle aussi des personnes avancées, et c'est celle de tous les chrétiens.

Que leur éducation soit simple et toute chrétienne; ne vous servez jamais de citations ni d'exemples profanes qui enorgueillissent et dégoûtent de l'humilité du christianisme.

Tous les chrétiens doivent être humbles et simples; entre les chrétiens, les personnes de notre sexe y sont encore plus obligées, et, entre les personnes de notre sexe, les enfants élevées comme les vôtres, surtout celles qui sont sans fortune, et ne doivent avoir rien de recherché dans leur éducation.

Ne leur souffrez aucun vice; faites-leur la guerre sans relâche dès que vous les apercevrez.

Mais reprenez-les avec une grande douceur, et soyez patientes pour le succès de votre travail.

Possédez-vous en reprenant les fautes de vos enfants; et si vous sentez quelque émotion, remettez à une autre fois ce que vous avez à dire. Ce serait une excellente pratique de ne jamais rien commencer sans avoir consulté et prié Dieu.

Ne croyez pas qu'un discours animé par la colère les persuade et les touche davantage; outre qu'elle n'opère point la justice, les enfants démêlent bien vite qu'on se laisse aller à son humeur dans ce qu'on leur dit.

Un châtiment ou une réprimande faite de sens froid, et quelquefois au bout de huit jours, leur fera plus d'impression : elles voient par cette conduite que l'impatience ou le chagrin n'a point de part à ce que l'on fait.

Ne leur parlez pas de Dieu trop souvent, et faites en sorte

qu'elles désirent que vous leur
en parliez, et que ce soit une
récompense de leur régularité
à faire ce qu'on exige d'elles.

Ne leur parlez jamais de
Dieu en riant, et ne souffrez
pas qu'elles ne parlent qu'avec
un profond respect et fort sérieusement; c'est un écueil où
les filles pieuses tombent souvent : elles sont remplies de
Dieu, elles en veulent parler
incessamment; on applique la
dévotion à tout, et peu à peu
on s'accoutume à discourir en
badinant de ce qu'il y a de plus
respectable.

Il y a encore un autre inconvénient, c'est qu'on rebute
celles qui n'ont pas le même
goût; et, en mettant à tous les
jours les vérités les plus impor-
tantes, on n'a plus rien à leur

dire pour les exciter et pour les toucher.

Inspirez-leur un grand respect pour les prêtres; ce sont les ministres de Jésus-Christ et les dispensateurs de ses grâces; que ce respect soit pour tous ceux qui sont honorés d'un si admirable caractère. On peut choisir pour sa conduite celui que l'on estime le plus, mais il n'y a point de prêtre, tel qu'il soit, qui ne doive être respecté.

Si celui qui confère le sacrement doit être respecté, que ne doit-on pas au sacrement même qui nous réconcilie avec Dieu, qui nous justifie, et par lequel nos péchés sont lavés dans le sang de Jésus-Christ?

Vous ne pouvez trop les instruire des dispositions qu'elles

y doivent apporter et du secret qu'elles sont obligées de garder sur ce qui se passe dans la confession. Ne leur permettez jamais d'en parler, ni de leurs confesseurs, à moins qu'elles n'eussent quelques peines qu'elles pourraient confier à leur première maîtresse, et non à leurs compagnes.

Portez-les à une grande sincérité dans leurs confessions, à une simplicité, une bonne foi qui aille à se vouloir faire connaître le plus qu'il est possible, je ne dis pas seulement par rapport à leurs péchés, mais par rapport à leurs inclinations et à leur état, afin que le confesseur puisse juger de leurs obligations.

Est-ce vouloir être conduite et aidée que de se contenter

de dire ses péchés et d'en recevoir l'absolution? Voudrait-on, pour sa santé, faire une consultation aussi légèrement?

Comment un confesseur peut-il donner des conseils, des remèdes, des préservatifs, s'il ignore l'état où l'on est, les occasions dans lesquelles on se trouve et les inclinations naturelles?

Vous devez les instruire pour l'avenir aussi bien que pour le temps présent, et leur donner des principes et des pratiques dont elles ne se départent jamais.

Dites-leur toujours les choses comme elles sont; ne les outrez point, et n'abusez pas de leur innocence pour leur persuader ce qu'elles verraient dans la suite qui ne serait pas vrai.

Donnez-leur donc pour péché ce qui est péché, pour faute légère ce qui est léger, mais tâchez de leur donner de l'horreur pour cette disposition des âmes lâches, qui ne veulent pas pécher mortellement de peur d'être damnées, et qui veulent d'ailleurs se réserver ce qui ne fait que déplaire à Dieu.

Qu'elles comprennent avec quelle discrétion elles doivent user de la liberté qu'elles ont de changer de confesseur, et de quelle utilité il sera pour elles d'aller toujours au même.

Conduisez-les à Dieu par cette voie d'amour beaucoup plus que par la crainte, et faites-les entrer par là dans cette liberté et cette confiance des enfants.

Mais qu'elles sachent, devant

toutes choses, que le premier pas de la vie chrétienne et la marque effective de la conversion est l'éloignement du péché : toutes les autres sont équivoques.

Après cela, conviez-les à l'excellente pratique de la présence de Dieu, et montrez-leur avec quelle patience il faut marcher dans ce chemin, sans se troubler quand on s'en est éloigné, mais en s'y remettant doucement, sans se trop gêner pour vouloir obtenir trop vite un bonheur qui ne sera accordé qu'à la fidélité qu'elles auront à le demander et à le désirer.

Désaccoutumez-les des questions curieuses ou inutiles; ne soyez point embarrassées quand elles vous en font aux- quelles vous ne pouvez répondre ; dites simplement que vous ne savez pas ce qu'elles vous demandent, et faites-leur voir par cette simplicité celle qu'elles doivent avoir.

Accoutumez-les au silence autant qu'il sera possible, sans pourtant vous jeter dans l'excès : les filles sont portées à beaucoup parler; vous ne pouvez trop leur dire que c'est un effet de la légèreté de l'esprit.

Instruisez-les pour toutes sortes d'états, et en leur disant que celui des religieuses est le plus parfait; formez-les pour vivre chrétiennement dans le monde, si elles y sont appelées.

Faites-leur voir que la vraie piété est de remplir ses devoirs; qu'elles apprennent celui des femmes, celui des mères, les obligations envers les domes-

tiques, ce que l'on doit d'édification au prochain, et quelle
sorte de vie elles peuvent
et doivent mener dans le
monde.

Tâchez de leur donner de
l'éloignement pour les hommes
dont le commerce est toujours
dangereux, et de leur faire aimer la retraite, qui est la seule
sûreté pour les femmes.

Inspirez-leur une grande modestie avec leurs compagnes,
soit dans les actions, soit dans
les discours.

Ne les laissez jamais inutiles ; il vaut mieux qu'elles
jouent que de rien faire : l'oisi-
veté et la conversation entre
elles est ce qu'il y a de pis.
Faites-les passer d'un exercice
à un autre, et que dans les récréations elles se divertissent

à des jeux qui les occupent toutes ensemble.

Ayez une grande douceur pour elles et une patience sans bornes; semez et attendez les fruits; ils viendront dans leur temps. Servez-vous toujours de termes honnêtes (1) en leur parlant, et n'employez l'autorité que le plus rarement que vous pourrez.

Ne désirez point d'être aimées d'elles, par mollesse et par amour-propre, mais faites-vous-en aimer, afin de vous servir du pouvoir que vous

(1) *L'honnêteté* est un vieux mot très français dont on a restreint le sens, de nos jours, en lui faisant exprimer presque exclusivement l'idée de probité et de politesse. Mais jusqu'au xvii° siècle, il signifiait la distinction, la dignité, la décence, la bonne grâce, tout ce qui tient à l'honneur d'où il tire son origine.

aurez sur leur esprit pour les porter à Dieu; c'est ainsi que l'on met tout à profit en faisant tout pour lui.

Pour acquérir ce pouvoir, montrez-leur de l'amitié, faites-leur tous les plaisirs qui ne pourraient leur nuire, supportez-les dans leurs infirmités, consolez-les dans leurs tristesses, attendez-les avec une grande patience, soulagez-les dans leurs maux; ne montrez jamais d'inclination pour les plus agréables, et que toute votre conduite les persuade que vous ne comptez que sur ce que Dieu leur comptera.

Appliquez-vous particulièrement à former celles qui doivent sortir les premières de votre classe; renoncez au plaisir de jouir de votre travail;

allez au bien tout droit, sans vous compter pour rien.

N'ayez plus de commerce avec elles quand vous n'en serez plus chargées; quelque confiance qu'elles puissent avoir en vous, il faut qu'elle finisse; que tout cède à l'union et à la charité qui doit être entre les Religieuses qui les gouvernent, qu'il ne faut jamais blesser sous quelque prétexte que ce soit.

Que le même esprit d'union vous empêche de vous plaindre de celles qui viennent des autres classes; ce serait, en quelque manière, blâmer celles qui les gouvernaient; recevez-les de bon cœur telles qu'elles sont.

Ne pressez pas trop vos enfants sur la piété; contentez-vous de les instruire et de les édifier; c'est à Dieu à faire le reste : lui seul peut toucher le cœur.

Évitez les longues instructions, craignez de les rebuter; ayez en cela plus d'attention aux imparfaites qu'aux autres : il y a plus d'inconvénient à lasser les premières qu'il n'y en a de ne pas contenter le zèle et le goût des parfaites.

Ne leur permettez jamais des pratiques qui puissent nuire à leur santé; mais, dans tout le reste, élevez-les assez durement, le plus qu'il vous sera possible.

Rendez-les ménagères et laborieuses; elles en seront plus propres à tous les partis qu'elles peuvent prendre; accoutumez-les à ne point perdre de temps : je ne compte point pour perdu celui qu'elles emploient à se divertir quand il est réglé.

Donnez-leur une grande estime pour l'obéissance : Dieu la bénit, et elles y seront, selon les apparences, obligées toute leur vie.

Ayez soin que vos enfants se tiennent droites, et ne vous faites pas là-dessus un scrupule mal fondé : tous ceux qui servent à l'autel apprennent à faire avec modestie et bienséance tout ce qu'il y faut faire; le service divin et les cérémonies en sont plus majestueux et plus propres à édifier et à exciter la piété de ceux qui y assistent.

Que vos enfants soient donc bien droites, mais sans affectation ni rien de mondain; ne souffrez pas qu'à l'église elles aient la tête de travers ni le corps courbé : c'est le cœur qui doit être prosterné devant Dieu, mais ce n'est point la posture qui excite la ferveur; il ne faut rien de singulier quand on est à la vue de tout le monde.

Ne les accoutumez pas à une grande diversité de lectures; sept ou huit livres qui sont en usage dans votre maison suffiraient pour toute leur vie, si elles ne lisaient que pour s'édifier : la curiosité est dangereuse et insatiable.

Inspirez-leur un grand respect pour le Nouveau Testament; ne le permettez qu'à celles qui sont disposées pour en profiter, qui en ont le goût et qui le désirent avec ardeur. Conseillez-leur souvent l'*Imitation.*

Tâchez de leur faire aimer saint François de Sales : ses livres sont solides, et mènent à la plus grande perfection avec des manières douces; que le vieux langage ne les rebute pas : il faut s'attacher au sens, et cette difficulté n'arrêtera pas celles qui auront un bon esprit (1).

Il me semble que j'ai passé trop légèrement l'endroit où je vous dis que les conversations

(1) Mme de Maintenon a surtout en vue l'*Introduction à la vie dévote,* universellement répandue, et qui compte encore de nos jours parmi les livres de piété les plus solides. Comme le vieux langage ne serait plus compris, on trouve des éditions en style moderne, et à l'usage de la jeunesse. (Édition Lefort, Lille.)

qu'elles ont les unes avec les autres sont très dangereuses; vous ne pouvez trop les éviter, mais il faut que ce soit par leur en ôter les occasions beaucoup plus que par en faire des défenses.

Je ne vous ai pas aussi assez expliqué le conseil que je vous donne de les élever durement, et de ne rien faire cependant qui puisse nuire à leur santé. Il faut leur permettre très rarement les veilles et les jeûnes à cause de leur jeunesse, mais tâchez de les faire travailler à tout ce qui se présente; qu'elles mangent de tout, qu'elles soient sobres, etc.; elles en seront plus fortes, plus adroites et plus humbles.

Quand elles font des fautes, pardonnez-leur quelquefois par

un esprit de douceur et de patience, mais que les flatteries
qu'elles vous feraient n'y aient
jamais de part. Ne leur laissez
pas croire qu'il y ait des temps
et des manières pour vous gagner, et que toute votre conduite soit fondée sur la charité
et sur la raison.

V

DE L'AFFECTION DES ÉLÈVES POUR LEURS MAITRESSES; NE PAS LA PROVOQUER OU S'Y PRÊTER.

Je ne fais nul cas des inclinations des enfants pour les maîtresses, quand les maîtresses sont sages, et cette attention ne me ferait pas faire le moindre dérangement. Il faut leur apprendre à aimer raisonnablement, comme on leur apprend autre chose. J'ai aimé ma maîtresse jusqu'à lui écrire toutes les semaines tant qu'elle a vécu, ce qui a duré douze ou quinze ans, et j'étais dans le grand monde : cela n'est que l'effet d'un bon cœur. Tout consiste dans la sagesse des maîtresses; avec cela, tout ira bien ; sans cela, nous avons beau faire des règles, nous ne ferons rien qui vaille.

Néanmoins, vous ne pouvez ignorer ce que je pense sur vous, et ce que je vous ai toujours reproché, qui est la grande tendresse de votre cœur qui veut aimer et être aimé réciproquement : c'est une inclination bien douce, mais bien dangereuse, surtout dans une maison comme la nôtre, si elle n'est toute pour Dieu.

Vous êtes portée à aimer; mais ce penchant ne vous a été donné, encore une fois, que pour le tourner tout entier du côté de l'amour de Dieu, et non pas de celui des créatures; il ne se faut attacher qu'à lui, et non pas à aucun autre; rien ne serait si dangereux dans une religieuse, et surtout en vous, Dieu vous ayant donné des manières toutes propres à vous faire aimer, que de porter ce penchant et cette inclination dans les classes, les enfants n'étant déjà que trop sujets à s'attacher, et quelquefois jusqu'à la passion.

Ne faites donc jamais rien, je vous en conjure, pour vous faire aimer; mais tenez-vous à l'égard de celles que vous aimez naturellement plus que les autres dans une grande réserve. J'espère que si vous pouvez une fois gagner sur vous de devenir ferme, courageuse, et de vous raidir contre votre naturel tendre et complaisant, en le tournant tout entier vers Dieu, j'espère, dis-je, qu'il se servira de vous pour le glorifier beaucoup dans cette maison.

✿✿✿✿✿✿✿✿✿✿✿✿✿✿✿✿

VI

NE PAS USURPER LE ROLE DE DIRECTEUR DE CONSCIENCE DES ENFANTS; GRAVES INCONVÉNIENTS; CONDUITE A TENIR ENVERS LES ENFANTS.

Il faut commencer par faire observer le règlement avec beaucoup de silence. Ne vous pressez point d'entrer dans la conduite spirituelle de vos filles ni de gagner leur confiance pour les porter à Dieu; soyez sérieuses et graves avec elles. Ce que vous avez à faire, c'est de les contenir, et non pas de les diriger (1).

Comptez que vous aurez bien employé votre journée quand vous les aurez empêchées de faire du mal; qu'elles auront travaillé en silence; qu'elles n'auront point eu de conversations particulières, je ne dis pas seulement dans les commencements, mais c'est la meilleure conduite que vous puissiez prendre pour toujours. Contentez-vous de les instruire sur leurs devoirs; semez et attendez les fruits avec patience, sans vouloir tout rectifier à la fois, sans les presser par l'insinuation, par la confiance; Dieu ne bénirait pas cette conduite dans laquelle

(1) Il s'agit bien entendu de la direction de la conscience réservée au confesseur.

on compte souvent trop sur soi; et puis, si elle profitait à quelques-unes, vous en verriez un grand nombre qui en abuseraient, qui deviendraient familières, et que vous ne pourriez contenir; ce qui est, encore une fois, ce que vous avez à faire; c'est à leur confesseur à faire le reste.

Gouvernez-les avec douceur, et que vos réprimandes soient rares; tâchez plutôt dans vos entretiens de leur inspirer l'amour de leurs devoirs; prenez occasion d'une fête, d'une lecture, d'une communion pour les animer, pour les avertir d'une chose qu'elles font mal; ne les rebutez point par des corrections fréquentes ou faites sur-le-champ, comme, par exemple, si elles parlent dans le réfectoire, dans la marche, ou qu'elles s'y dérangent : ce n'est point le temps de les en reprendre, ou de les tirer par la manche pour les faire marcher sur une même ligne; c'est là ce qui les impatiente et qui leur fait faire de sottes réponses, dont on est un peu coupable par son impatience à les corriger, à quoi, pour l'ordinaire, on ne réussit pas par cette précipitation. Quand elles sont en mouvement, elles ne vous entendent qu'à demi, et ce que vous dites augmente le dérangement; s'il est considérable, redressez-le avec fermeté et à propos, sinon, ayez patience tant que le bien surmontera le mal; c'est l'avis que saint Paul donne, et comptez que, quoi que vous fassiez, il y aura toujours quelques enfants qui parleront ou se dérangeront; il est impossible que dans le grand nombre cela soit autrement.

J'ai toujours compris qu'il fallait parler en particulier à vos enfants, les avertir de leurs défauts, les animer pour la pratique de la vertu, les aider à corriger leur naturel et à connaître leur vocation (si elles sont en âge d'y penser), sans pourtant en décider vous-mêmes; c'est dans ces sortes de conversations qu'on peut leur dire tout ce qu'on veut, sans craindre de se commettre et sans hasarder qu'elles vous fassent une sotte réponse qui serait de conséquence en général; c'est là, en un mot, la vraie occupation d'une première maîtresse.

Ce que je crois que vous ne devriez pas entreprendre, c'est une direction suivie ; il faut les exhorter à avoir une grande confiance à leur confesseur ; les renvoyer quelquefois à lui quand elles demandent des pratiques pour leur intérieur, leur oraison, etc. ; car souvent elles n'en demandent que par curiosité. Il faut pourtant les écouter, mais couper court, surtout avec celles qu'on remarquera aimer à discourir, et d'un caractère à tourner en ridicule ce que vous leur diriez de meilleur, et à conter à leurs compagnes : Mon confesseur m'a donné une telle pratique, et ma maîtresse une tout opposée. Mais ce qu'il ne faut jamais faire, c'est d'entrer dans leurs peines d'une manière qui les amollisse, par exemple, entretenir la peine qu'elles auraient d'observer leur règle, leurs répugnances pour leurs maîtresses, entrer dans les affaires de leurs familles pour s'insinuer dans leur esprit et s'en faire aimer; car je ne veux pas dire qu'on ne doive pas consoler une enfant affligée sur un accident arrivé à sa famille, mais ce qu'il faut éviter, c'est l'inutilité et l'amusement.

Vous ne pouvez refuser de répondre à une enfant qui demande des conseils; dites-lui que vous voulez bien l'aider, puisqu'elle le veut; que voilà les défauts que vous avez remarqués en elle, et qu'il faut qu'elle travaille à les corriger; qu'après cela vous verrez à lui dire autre chose. Si elle persévère, et qu'elle ne se rebute point de ce que vous ne paraissiez pas bien touchées de sa confiance, c'est une marque qu'elle y vient de bonne foi, et alors vous pourrez l'aider, l'instruire, la soutenir, observant pourtant toujours ce que je vous ai déjà dit, de ne pas trop parler, et de les porter le plus que vous pourrez à une grande confiance en leur confesseur.

Ce que je vous dis est ce que je ferais moi-même pour le repos de ma conscience; la leur sera toujours mieux entre les mains de leur confesseur qu'entre les nôtres; Dieu attache une grâce particulière à la conduite des confesseurs; de plus, vous ne pourriez suffire à tout.

VII

DU CATÉCHISME ET DE SON IMPORTANCE.

J'APPRENDS avec beaucoup de joie qu'on vous instruit du catéchisme et de la manière dont vous devez le faire. C'est votre obligation et le moyen d'accomplir le vœu que vous faites pour l'éducation des jeunes filles.

Aimez cette étude, je vous en conjure, et comptez que celles qui s'y sentiraient une répugnance, qu'elles ne pourraient pas vaincre, ne sont pas plus

appelées à être religieuses enseignantes, qu'une fille qui
voudrait être hospitalière et
qui aurait une aversion insurmontable pour les malades.
Vous ferez toute votre vie le
catéchisme, soit au chœur, soit
aux classes; vous reviendrez
aux premières questions, après
avoir enseigné les dernières
et les plus relevées, c'est votre
profession; vous voulez faire
de véritables chrétiennes, et
pour cela, il faut qu'elles sachent parfaitement leur catéchisme.

Ne regardez point cette étude
comme petite (1) : on dit que

(1) Voici ce que Jules Simon écrivait : « Je trouve dans la religion
chrétienne un caractère qui me
ravit : c'est qu'elle joint la métaphysique la plus savante à la plus par-

cela est commun, et entre les mains de tout le monde; mais elle n'est entre les mains de tout le monde que parce qu'elle est nécessaire à tout le monde; le pain est la nourriture la plus commune et celle dont on peut le moins se passer.

faite, et, si on peut le dire, à la plus efficace simplicité.

« Il n'y a eu jusqu'ici que la religion chrétienne qui ait eu à la fois la *Somme* de saint Thomas et un *catéchisme*. »

M. Jouffroy avait déjà dit : « Il y a un petit livre qu'on fait apprendre aux enfants et sur lequel on les interroge à l'église; lisez ce petit livre qui est le *catéchisme*; vous y trouverez une solution à toutes les questions, à toutes sans exception. Demandez au chrétien d'où vient l'espèce humaine, il le sait; où elle va, il le sait; comment elle y va, il le sait. Demandez à ce pauvre enfant, pourquoi il est ici-bas, et ce qu'il deviendra après sa mort, il vous fera une réponse sublime!... »

Estimez donc votre vocation, ne craignez point d'être incapables de vous en bien acquitter, vous n'aurez à parler que pour vos enfants; il faut fermer les portes de l'église dès que vous voudrez commencer. Vous le ferez simplement, celle qui le fera le plus humblement y aura plus de grâce. Vous le ferez bien, si vous le voulez : vous allez vous y former pendant cette année; soyez d'aussi bonne volonté sur cet article que sur tous les autres dont vos chères mères sont si édifiées. Je ne puis finir sans vous témoigner la joie que je sens de vous voir devenir de vraies religieuses; il me semble que tout respire la piété dans votre maison. Je prie Dieu de vous bénir de plus en plus, et de vous enseigner lui-même.

VIII

A UNE INFIRMIÈRE « TROP BONNE » POUR SES MALADES.

Je vous envoie des oranges pour réjouir le cœur de vos malades.

On dit que vous vous amusez trop à elles en particulier, et que vous n'êtes pas assez occupée des soins en général ; on dit que vous n'êtes pas présente aux repas, et que vous faites faire des distributions par des converses qui s'en acquittent mal ; on dit que vous donnez trop à manger et que vous êtes trop bonne. Je vous conjure de regarder à la dose de quinquina que vous donnerez à vos enfants, et si effectivement elles le prennent. On m'a dit aussi qu'il y a des élèves qui font des façons pour prendre leur quinquina; ne souffrez point ces sottises-là dans une maison où l'on doit se conduire en tout par la raison. Je n'aurais pas souffert aux enfants du roi (1) la moindre résistance pour prendre une médecine; et, en leur assurant qu'elle était fort mauvaise, je la leur faisais avaler comme de l'eau.

Quant à leur déjeuner, il faudrait donner du bouillon à

(1) Il s'agit des enfants de Mme de Montespan, dont Mme de Maintenon avait fait l'éducation.

celles qui en voudront, et du pain sec à celles qui ne veulent point de bouillon ; on peut leur donner quelques rôties au vin à la collation, mais non pas toujours, et quelquefois des biscuits. Les jeunes ne sont plus des enfants, mais il faut les conduire avec de la fermeté ; occupez-les tout doucement ; permettez-leur de la gaieté et de la conversation, quand elle est générale, mais ne souffrez aucune liaison particulière. Entrez dans l'esprit et dans les maximes de la maison, et comptez que le moyen le plus sûr de se faire aimer des enfants est de s'en faire estimer.

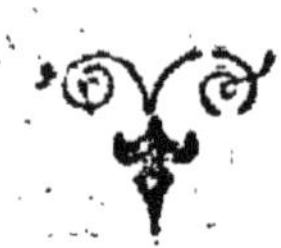

IX

MATERNELS REPROCHES : MENER DE FRONT LES DEVOIRS DE SA CHARGE ET L'OBÉISSANCE.

Vous savez combien j'approuve que l'on soit occupée et affectionnée à sa charge; mais il est vrai que vous l'êtes un peu trop, et que vous n'êtes pas aussi assidue aux observances que vous le pourriez; je sais que vous ne devez pas quitter quand vous avez des malades à l'extrémité, cependant vous paraissez ne pas avoir des règles assez exactes là-dessus.

Soyez en garde contre la dissipation de l'action, et puisque vous êtes nécessitée à agir, prenez de la force avec Dieu pour satisfaire à toutes vos obligations.

Vous paraissez ne tenir compte que de votre charge sans aucun égard pour le bien général de la maison ; vous voulez choisir vos converses, vous ne songez qu'à tirer tout à vous sans penser au reste, et vous vous donnez beaucoup de peine là-dessus, que la supérieure ignore, et que les autres n'osent vous dire.

Vous avez des talents, vous avez de la vertu, ajoutez-y d'être régulière ; songez à vous et à l'exemple que vous devez aux autres ; vous savez l'amitié que j'ai pour vous, et que je ne suis prévenue qu'en votre faveur; mais je connais trop le bien que vous êtes capable de faire pour ne pas vous le représenter avec la liberté que me donnent mon âge, mon expérience et l'amitié que je crois que vous avez pour moi.

✳✳✳✳✳✳✳✳✳✳✳✳✳✳

X

PUNIR RAREMENT, ET LE FAIRE EN PEU DE MOTS.

Il faut punir le plus rarement qu'il vous sera possible, et, pour cela, il ne faut pas voir toutes les fautes; mais quand on ne peut ignorer que vous les avez vues, il ne faut pas les pardonner si elles sont considérables et ont été déjà pardonnées; il ne faut pas non plus attaquer tout à la fois, mais commencer par le plus pressé.

Il est question présentement de mettre les enfants sur le pied d'une obéissance très exacte; c'est donc à quoi il faut vous appliquer très sérieusement, sans pourtant chercher ponctuellement les fautes que vous pouvez ignorer; par exemple, une enfant parle pendant le silence, il faut lui dire : Mademoiselle, vous parlez; si elle se tait pour toujours, il faut en demeurer là; si elle parle encore, ou quelque autre, il faut lui dire en un mot : Mademoiselle, vous avez désobéi. Rien n'affaiblit tant une réprimande que la quantité des paroles.

Mettez-vous dans l'esprit, une fois pour toutes, qu'il y a peu de choses où il n'y ait quelques inconvénients, et qu'il faut prendre le parti où il y en a le moins. Il faut aussi distinguer ceux qui troublent l'ordre et le bien public, qui est ce qu'il faut éviter dans les communautés.

12

Oui, ma fille, vous aurez le courage qui vous est nécessaire si vous le demandez à Dieu, si vous agissez dans sa présence et pour lui uniquement; si vous vous renoncez vous-même, ou, pour mieux dire, si vous vous oubliez entièrement, sans penser si vous serez aimée ou haïe; si vous punissez sans préventions, sans écouter vos répugnances ni vos inclinations; si vous considérez que vous plaisez à Dieu, quoi que vous fassiez, et si vous ne voulez que le bien, sans acception des personnes. Si vous gouvernez avec ces dispositions-là, comme je n'en doute pas, Notre-Seigneur gouvernera avec vous; priez-le, je vous en conjure, pour ceux qui vous conduisent.

XI

DU PARLOIR ET DE LA LIBERTÉ QU'IL FAUT LAISSER AUX EN-FANTS DE S'ENTRETENIR AVEC LEURS PARENTS; DE LA TENUE DES ÉLÈVES.

Il n'y a rien de plus raison-nable que de laisser à vos en-fants la liberté de parler en particulier à leurs pères et à leurs mères (1); cela est néces-saire pour entretenir le res-

(1) A cette époque, dans toutes les maisons d'éducation, les élèves ne sortaient jamais ou du moins très rarement et les parents les voyaient au parloir, comme cela se pratique encore de nos jours dans les pen-sionnats.

pect et la tendresse qu'elles leur doivent, et que vous ne pouvez trop leur inspirer; il faut leur apprendre à les respecter, à les servir, à les aimer, même malgré leurs défauts; vous devez les instruire sur les commandements de Dieu avec beaucoup de soin, et leur faire voir que rien ne peut les dispenser du respect et de l'amitié qu'elles doivent à leurs pères et mères.

Il y aurait de la dureté à empêcher qu'un père ne parlât en particulier à sa fille; qu'il ne pût lui demander si elle est contente, quel parti elle veut prendre. Si vous craignez qu'il veuille l'obliger à se faire religieuse, ou qu'il tâche de la détourner si elle en a envie, il vous resterait assez de temps

pour détruire ce qu'on lui aurait dit de déraisonnable; et
puis, en un quart d'heure de
conversation, il serait difficile
qu'un père jetât un grand poi-
son dans le cœur de sa fille,
car je ne voudrais pas que ces
visites fussent longues, qu'on
demeurât deux heures à attendre qu'une mère eût caressé
sa fille; il faudrait dire hon-
nêtement que vos occupations
ne vous permettent pas de si
longues visites, et qu'on dit
bien des choses en une demi-
heure; et quand je dis en particulier, c'est-à-dire parler bas
si elles veulent; mais il faut
toujours demeurer là pour voir
ce qui se passe, autrement
elles recevraient, elles donne-
raient des lettres, d'autres
gens pourraient venir les voir

quand on les croirait seules :
il n'y aurait nulle sûreté.

Vous pouvez parler de ce qui
se sera dit au parloir quand
vous croirez le devoir faire,
pour reprendre les enfants de
ce qui s'y serait passé, et, si
les choses étaient de conséquence, il faudrait en avertir la
maîtresse générale. Les élèves,
et surtout les grandes, doivent
être très modestes au parloir, et
rien ne sied si mal à des jeunes
filles que la familiarité, même
avec les plus proches; ce n'est
qu'une grossièreté, dela mauvaise éducation, et qui n'ajoute
rien au plaisir de voir les personnes que l'on aime.

XII

S'IL FAUT PARLER DU MARIAGE AUX JEUNES FILLES, ET DANS QUELS TERMES (1).

Cette fausse délicatesse est
un des travers que je voudrais

(1) Mme de Maintenon ayant assisté au mariage d'une ancienne
élève de Saint-Cyr, raconta aux religieuses que M. l'abbé B..., son
oncle, lui avait fait en la mariant
une excellente exhortation, dans laquelle il avait blâmé la délicate
modestie des personnes qui se ré-
crient dès qu'un prêtre ouvre la
bouche pour parler dans l'église
d'un sacrement qu'on y administre,
que Jésus-Christ a institué, que
saint Paul appelle grand et honora-

ne pas voir chez vous, mes chères filles; la plupart des religieuses n'osent prononcer le nom de mariage; saint Paul n'avait pas cette sorte de scrupule, car il en parle très ouvertement; je vous ai vu ce faible, je voudrais bien qu'il fût détruit ici pour toujours.

— Il est vrai, répondit une religieuse, que nous passions ordinairement cet article du catéchisme, et l'on consultait la supérieure pour savoir si on en parlerait; nous ne l'avons même fait au chœur que depuis que vous nous avez dit qu'il fallait en parler comme des autres matières du caté-

ble, pendant que leurs oreilles ne se font pas scrupule d'entendre, hors de l'église, des chansons d'amour, des mots à double sens, etc.

chisme, quand l'occasion s'en présente. — Ne comprenez-vous pas, mes chères enfants, reprit Mme de Maintenon, que c'est un travers qui est insoutenable dans une maison comme la vôtre, de n'oser y parler d'un état que plusieurs de vos enfants embrasseront, qui est approuvé par l'Église, et que Jésus-Christ même a honoré de sa présence? Comment les rendrez-vous capables de bien remplir les devoirs des divers états où Dieu les peut appeler, si vous ne leur en parlez jamais, et, qui pis est, si vous leur laissez entrevoir la peine que vous avez à en parler? Il y a certainement moins de modestie et de bienséance à ces façons que lorsque vous leur en parlerez bien sérieusement et bien chrétiennement, comme d'un état saint qui a de grandes obligations à remplir. Craignez que les omissions qu'elles feront, par ignorance des devoirs de cet état, ne retombent sur vous qui aurez manqué de les en instruire.

— Ayez la bonté, dit encore la même religieuse, de nous faire un petit détail de ce qu'il nous convient de leur dire à ce sujet.

— Vous ne sauriez trop leur prêcher, reprit Mme de Maintenon, l'édification qu'elles doivent à leur mari, le support, l'attachement à sa personne et à tous ses intérêts, tout le service et les soins qui dépendent d'elles, surtout le zèle sincère et discret pour son salut dont tant de femmes vertueuses leur ont donné l'exemple, aussi bien que celui de la patience; le soin de l'éducation des enfants, qui s'étend bien loin, celui des domestiques et du ménage, qui sont plus indispensables aux mères de famille que les prières de surérogation que quantité d'entre elles ont coutume de faire, au préjudice de ces premiers et plus importants devoirs de leur état.

Quand vous parlerez du mariage à vos élèves de cette manière-là, elles n'y trouveront pas de quoi rire, rien n'étant plus sérieux qu'un pareil engagement; établissez donc chez vous de leur parler sur cette matière, quand elle se présente, comme toutes les autres qui leur conviennent, et ne souffrez pas que, sous prétexte de modestie et de perfection, on n'ose y prononcer le nom de mariage. Cette sotte affectation, si j'ose m'exprimer ainsi, vous rejetterait bien bas dans toutes les petitesses que j'ai tâché de vous faire éviter avec tant de soin.

****

TABLE DES MATIÈRES

PREMIÈRE PARTIE
Vie religieuse.

DEUXIÈME PARTIE

Éducation et enseignement.

Imp. Téqui, 92, r. de Vaugirard.

EN ENTRANT DANS LE MONDE

CONSEILS DE VIE CHRÉTIENNE

avec une introduction,

Par le R. P. LIBERCIER, Dominicain

1 élégant vol. in-8, allongé, imprimé avec
luxe, fleurons, lettres ornées, etc.

Ces *Conseils de vie chrétienne* sont une
adaptation et extraits de Madame de Maintenon.
Ils contiennent d'excellents avis et d'admirables
recommandations pour conserver sa foi, sa
piété et ses pratiques religieuses dans le
monde. Ils conviennent à tous, mais s'adres-
sent spécialement aux jeunes filles et aux
jeunes femmes chrétiennes.

EN PRÉPARATION :

L'ÉDUCATION DES JEUNES FILLES

PAR LES

RELIGIEUSES ENSEIGNANTES

Conseils de vie religieuse et de pédagogie.

2 forts volumes in-12

Le 1er volume contiendra tout ce qui con-
cerne la vie religieuse appliquée à l'enseignement, et des conseils de pédagogie, puisés à la
même source, sur l'éducation des filles.

Le 2e volume se composera de conseils,
avis, instructions s'adressant directement aux
enfants et aux jeunes filles qui font leur
éducation.

Imp. Trou, 92, r. de Vaugirard

9 782013 581844